IAITH Y BRAIN AC AWEN BRUDD

IAITH Y BRAIN AC AWEN BRUDD

PORTREADAU

HARRI PARRI

Golygydd y Lluniau:
ROBIN GRIFFITH

bwthyn
GWASG Y BWTHYN

ⓗ Harri Parri 2008 ©
Gwasg y Bwthyn

Argraffiad cyntaf Ebrill 2008

ISBN: 978-1-904845-68-3

Cedwir pob hawl. Ni chaniateir atgynhyrchu unrhyw ran o'r cyhoeddiad hwn na'i gadw mewn cyfundrefn adferadwy na'i drosglwyddo mewn unrhyw ddull na thrwy unrhyw gyfrwng electronig, electrostatig, tâp magnetic, mecanyddol, ffotogopïo, recordio, nac fel arall, heb ganiatâd ymlaen llaw gan y cyhoeddwyr.

Mae'r cyhoeddwyr yn cydnabod cefnogaeth ariannol
Cyngor Llyfrau Cymru.

Cyhoeddwyd ac argraffwyd yng Nghymru
gan Wasg y Bwthyn, Caernarfon

CYNNWYS

1. 'WILI BODWYDDOG' 11
2. BARDD YR AWEN BRUDD 39
3. TEULU CROWRACH 57
4. 'YR HEN SIÔN GWERTHYR 'NA' 81
5. 'RHYS HENDRA BACH' 102

I DDIOLCH AM Y RHAI A FU
A DATHLU'R RHAI SYDD YNOM

CYDNABOD

Fyddai'r gyfrol hon ddim wedi bod yn bosibl heb ewyllys da'r teuluoedd o bob ochr. Heb enwi neb (rhag ofn y gost o orfod newid ewyllysiau), bu aelodau'r teulu – o waed ac yng nghyfraith – mor garedig â chywiro rhai ffeithiau, cymedroli rhai sylwadau ac, yn fwy na dim arall, tyrchu allan hen luniau. Mawr yw fy niolch i bob un ohonyn nhw. Y fi, wrth gwrs, piau'r gormod dychymyg.

Yn flaenorol, ymddangosodd ysgrif fer am 'Rhys Hendra Bach' yn y gyfrol *Yr Un Mor Wen*, a olygwyd gan William Owen a'i chyhoeddi gan Wasg Pantycelyn yn 1992, a chyfrennais ysgrif ffeithiol am Siôn Gwerthyr i Gyfrol 66 – 2005 o Drafodion Cymdeithas Hanes Sir Gaernarfon.

Fel gyda chyfrolau eraill y bûm i'n ymhél â nhw, cytunodd Robin Griffith i olygu'r lluniau a thynnu nifer o rai gwreiddiol. Yn ôl ei arfer gwnaeth fwy na'r gofyn ac ni allaf ddiolch digon iddo. Bûm ar ofyn Gwenda Richards, hefyd, i dynnu rhai lluniau ac mi hoffwn ddiolch iddi hithau. Ceisiwyd cydnabod pob hawlfraint cyn belled ag roedd hynny'n bosibl.

Cefais wybodaeth werthfawr am hen weithfeydd plwm plwy Llanengan, a'r ardal, gan Beti ac Arfon Huws, ac am gapeli Cymraeg America gan W. Arvon Roberts – arbenigwyr yn eu meysydd.

Fy niolch i Wasg y Bwthyn am fentro cyhoeddi cyfrol arall o'm heiddo. Diolch i June Jones, Rheolwraig y Wasg, Geraint Lloyd Owen, y Swyddog Cyhoeddi, Cliff Thomas a droes ddisg yn gyfrol a dylunio llawer o'r cynnwys, a gweddill y staff am eu cymorth. Fel sawl gwaith o'r blaen, bu Adran Olygyddol Cyngor Llyfrau Cymru yn hynod gefnogol a hoffwn gydnabod hynny hefyd.

Cywaith, o fath, ydi pob cyfrol i mi. Nan, fy ngwraig, fydd yn gweld y drafft cyntaf ac yn hwfro'r beiau mwyaf amlwg. Unwaith yn rhagor, bu Llinos Lloyd Jones ac W. Gwyn Lewis – o ganol eu prysurdeb – mor garedig â darllen y gwaith, gwneud awgrymiadau a chywiro; yna, aeth Arwel Jones ati, unwaith eto, i ddarllen y cyfan ar fy rhan. Diolch ichi.

Harri Parri

TEULU CAE DU

MARY ROBERTS   p.   (1) JOHN THOMAS (Sion Gwerthyr)   (2) DAVID RICHARDS
g.1814   g.1777   g.1825

ELIZABETH
g.1847 (Cyn y briodas gyntaf)

JANE ANN   p.   William Williams
g.1857   (Gweler derwen Crowrach Uchaf))

MARY   DAVID   JANE   GRIFFITH   ELIZABETH   ELLEN   p.   Griffith Jones Parry
g.1879   g.1880   g.1884   g.1887   g.1889   g.1893   (Gweler derwen
'Bardd yr Awen Brudd'   Bodwyddog Fawr)

ANN JANE
g.1915

TEULU BODWYDDOG FAWR

HENRY PARRY   p.   JANE JONES
g.1869   g.1865

Mab Penycaerau ym mhlwy Llanfaelrhys a hithau'n ferch Y Bryn ym mhlwy Aberdaron

WILLIAM	GRIFFITH p. Ellen Williams	ANN p. Owen Griffith		SYDNEY
g.1897	g.1898	g.1901 (morwr, siopwr a meddyg y ddafad wyllt)		g.1904

HARRI GWILYM p. Ann (Nan) Roberts   JEAN MARIAN p. Derwyn Hughes Jones
g.1935   g.1936

HUW DYFRIG p. Catrin Lewis Defis
g.1966

OWAIN LLYR   ENLLI ANGHARAD   LLEUCU ELENID
g.1964   g.1996   g.1999

TEULU CROWRACH UCHAF

GRIFFITH WILLIAMS p. JANE HUGHES
g.1819   g.1818

Hi'n ferch Crowrach Uchaf ac yntau'n fab Cilan Fawr o'r un plwy, plwy Llanengan

GAYNOR	ELEANOR	HUGH	ELIZABETH	WILLIAM p. Jane Ann	ROBERT	ANN	MARY
g.1844	g.1846	g.1848	g.1850	g.1854	g.1855	g.1858	g.1863
		(Cleator Moor)		Gweler derwen Cae Du	(America)		(Cadw'r 'Ffreshmant')

1. 'WILI BODWYDDOG'

Gŵr heulog odiaeth oedd William Parry, Bodwyddog Fawr, brawd 'nhad, ar wahân i'r adegau prin hynny pan âi'r haul hwnnw o dan gwmwl ac aros felly, weithiau, am gyfnodau hir. Math o ffarmwr hamdden oedd o wrth ei alwedigaeth, a hen lanc. Math o ffarmwr a allai fforddio llusgo'i draed ym Mhwllheli ar bnawniau Mercher heb orfod brysio adra i odro; cyrchu i ocsiynau ar hyd a lled Pen Llŷn; mynd i'r mart yn Sarn Mellteyrn wedyn ar ddydd Gwener, a chael un glasiad o stowt yn Nhŷ Newydd cyn troi am adra. Roedd o'n gefnogwr i gonsart a chyfarfod pregethu, os oeddan nhw o fewn cyrraedd. Mynychai gapel Penycaerau ar y Suliau, gyda chysondeb mawr, ond heb yr ham-byg o orfod newid dillad rhwng oedfeuon – fel y gwnâi 'nhad. Ar nosweithiau rhydd roedd rhaid galw heibio i gymdogion i gael gêm o gardiau (os oedd hi'n aelwyd a ganiatâi ddifyrrwch felly) ac aros yno hyd berfeddion nos i frywela a diddori. Ond wedi nosweithiau hwyr o'r fath doedd hi ddim yn hawdd i ddyn godi'n rhesymol fore drannoeth – ffarmwr neu beidio. I'w chwaer, Anne, y disgynnai'r gorchwyl o'i ddeffro.

Fy modryb yn gweiddi o droed y grisiau, 'Wili! Ma' hi wedi naw'.

'Dw i'n dŵad rŵan, Anne.' Ond ddim yn ystwyrian am sbel wedyn. Dim ond wedi i'r lori rowlio'i ffordd at stej laeth y ffarm nesa y cyrhaeddai William Parry i'r aelwyd, i lwytho a thanio'i getyn cyn brecwast a pharatoi'i hun at y wefr o fyw diwrnod diddorol arall. Wedi'r cwbl, roedd yna weision lawer ym Modwyddog Fawr a'i ddwy chwaer, Anne a Sydna, yn gofalu am ei holl angenrheidiau ac yn cadw olwynion y ffarm i droi yn ei absenoldeb.

O ran ei natur un swil oedd Sydna. Os deuai pobl ddiarth ar draws ei llwybr roedd hi'n groesawus ddigon ond yn encilio cyn gynted ag y deuai'i chwaer neu'i brawd i gymryd drosodd. Mewn peth arall roedd hi'n dra gwahanol i'w chwaer a'i brodyr: fe giliai modryb Sydna am ei gwely rhwng wyth a naw a chodi drannoeth gyda'r wawr i ailafael yn ei gorchwylion. Ar un cyfnod, roedd yr ieir a'r cathod a'r cŵn o dan ei gofal. Os bu rhywun yn hoff o anifeiliaid erioed Sydna oedd honno, ac os bu nefoedd erioed i ieir, cathod a chŵn, Bodwyddog Fawr oedd y lle hwnnw. Dyna un peth a gofiai

1. Aros yn ddibriod fu hanes Sydna a hi oedd y fenga o blant Bodwyddog. Un fer oedd hi ac yn gwargamu peth, fel ei chwaer a'i dau frawd. Bu farw Sydna yn 1983.

2. Yn 1935 priododd Anne gydag Owen Griffith. Cafodd eu merch, Jean, ei magu ym Modwyddog. Bu Anne farw yn 1980.

Griffith Griffiths wedi'i gyfnod yn gweini ym Modwyddog a chofnododd hynny yn ei gyfrol, *Blas Hir Hel*:

> 'A chymeriad hefyd oedd Jac, yr hen gi-defaid melyn. Byddai hwnnw'n eistedd ar stôl o flaen yr organ yn y parlwr. Rhoddai Sydna sbectol ar ei drwyn, a byddai yntau'n udo dros y tŷ. Ar ôl te bob dydd cymerai fasged oddi ar y bachyn yn y llaethdy ac âi efo Sydna i'r ardd wair i hel yr wyau. Codai bob wy a welai efo'i geg a'i roi yn y fasged'.

Serch iddi briodi aros gartref ym Modwyddog fu hanes Anne, hefyd, a'i gŵr, Owen Griffith – a enwogodd ei hun fel yr olaf o Feddygon y Ddafad Wyllt – yn cadw siop ym Mhenycaerau ac yn crwydro'r wlad i ymarfer y feddyginiaeth gyfrinachol. Roedd Anne yn dalach na'i chwaer ac yn hŷn na hi o ddwy flynedd. Gweithiai'n galed o fore hyd hwyr. Ond, yn wahanol i Sydna, doedd mynd i'w gwely'n rhesymol ddim yn un o nodweddion modryb Anne – mwy na'i brawd. Eisteddai ar y setl yn hwyr fin nos, yn syrthio i gysgu ac yna'n deffro drwyddi i ailymuno yn y sgwrsio. Ond fe deimlwn, bob amser, mai yn ei dwylo hi roedd yr awenau ym Modwyddog

– er na fydda hi ddim yn dangos hynny.

Eto, roedd f'ewyrth Wili – serch y cymowta cyson, y mynd yn hwyr i gysgu a'r methu â bore godi – yn ffarmwr wrth reddf, ac yn ffarmwr llwyddiannus. Mewn cymhariaeth â'i frawd tyddynnwr oedd 'nhad. Y fo, Griffith, oedd yr unig un o'r pedwar i adael yr aelwyd – er iddo oedi peth cyn codi angor. Roedd Bodwyddog Fawr yn ffarm dri chan acer ond dim ond ychydig dros ddeugain acer oedd tir fy nghartref. Eto, roedd yno ormod o waith i un ond yn lle rhy fach i fforddio cadw gwas. Hwyrach mai'r lardio cyson ar ffarm fach, o wawr hyd fachlud, a yrrodd 'nhad i'w fedd cyn pryd. Roedd o, os beth, yn fwy o Iberiad fyth na'i frawd, gryn bum modfedd yn fyrrach, yn fwy solat, ond yn gwargamu'n ddigon tebyg i'r tri arall. Am wn i, mai math o hogyn a fu Wili i ddiwedd ei ddyddiau ond roedd 'nhad yn fwy cymedrol cymeriad ac eto'n ŵr tra dawnus. Petai'r amgylchiadau wedi bod yn wahanol, synnwn i ddim na fyddai 'nhad wedi gadael y pridd a mentro cerdded llwybrau gwahanol.

3. Fy nhad cyn cyrraedd ei ddeg ar hugain, a chyn iddo briodi, ond y gwallt tywyll yn dechrau cilio a theneuo bryd hynny. Bu farw yn 60 oed ym Medi 1959.

Dyn hawdd i'w nabod oedd y ffarmwr cyffredin i fyny i'r pumdegau a'i frethyn a'i gerddediad yn ei fradychu. Un felly oedd 'nhad a deud y gwir. Mewn cymhariaeth, roedd ei frawd yn wisgwr sionc, yn arbennig felly i fynd i gymowta. Yn wisgwr sionc i'w ryfeddu: siaced o frethyn da, un o liw'r borfa neu un lliw rhedyn wedi rhydu, a gwasgod fymryn yn ffansi i gydweddu – un lliw mwstard hwyrach. Roedd ganddo'r arfer o wthio hances boced ffansi i boced top ei grysbais. Rŵan, nid hances wen wedi'i phlygu'n gymesur a chongl bigfain ohoni'n ymddangos uwch y boced, fel byddai arfer pregethwyr neu dwrneiod y cyfnod. Na, un liwgar wedi'i gwthio i mewn i'r boced rywsut rywsut a darn helaeth ohoni'n hongian allan dros wefus y boced honno. I fynd i'r dre, ond nid i'r capel, fe wisgai glôs pen-glin, pâr o legins brown a sgidiau cryfion, a'r rheini wedi'u hiro a'u sgleinio'n dda. Fy modryb Anne, mae'n debyg, a fyddai wedi gloywi'r rheini. Roedd hyd yn oed ei het yn cyfarth: un feddal, ysgafn ei lliw a phluen ffansi uwch ei chantel neu, yn ddiweddarach, math o het heliwr ag iddi ddau big. Ar ddiwrnod da gallai gael ei gamgymryd am ocsiwnïar llewyrchus, neu asiant tir i ryw stad neu'i gilydd, neu hyd yn oed am y tirfeddiannwr ei hun. Oherwydd fe wyddai f'ewyrth Wili i'r blewyn sut i droi allan.

O! ia, un peth arall. Roedd pibell yn rhan o'i arfogaeth bron ar bob achlysur. Ac roedd yna steil i'r cetyn yn ogystal, yn arbennig y gorau o'r ddau neu dri a fyddai ar iws ar y pryd: y coesyn ar dro a phowlen go helaeth yn disgyn i lefel ei ên neu'n is na hynny. Pren afalau oedd y deunydd gorau i wneud pibell, medda fo. Roedd deunydd felly'n cadw'n well rhag gorboethi o dan bwys a gwres y dydd. Oherwydd roedd William Parry'n smociwr diarbed. Ar awr ginio, byddai'n tanio rhwng darfod hefo'i datws a chig ac ymosod ar y pwdin; tanio, wedyn, i ddisgwyl panad. Roedd ganddo farn gŵr o brofiad ynglŷn â pha frand o faco a oedd y melysaf ganddo. Siag Amlwch, hwyrach, neu Faco Caer. Eto, mae gin i frith gof ei glywed yn canmol Baco'r Brython – pa ffyrm bynnag a oedd yn pacio'r baco derbyniol hwnnw.

Yn y blynyddoedd diniwed hynny, cyn i beryglon smocio ddod yn ddychryn, roedd yr afradedd yma'n destun ymffrost iddo. 'Waso!' (Ac roedd yr ebychiad hwnnw – beth bynnag oedd tarddiad y gair – yn rhagair i bob rhyfeddod roedd am ei fynegi.) 'Ella na choeli di ddim, ond neith owns o faco ddim para dwrnod imi. Ddim para

4. Wili, y 'gwisgwr sionc', yn ddyn ifanc yn eistedd ar fraich y gadair gydag un o'i ffrindiau bore oes, 'Griffith Glan Gors', ar y dde iddo. Guy Hughes, Pwllheli, dynnodd y llun – mab Gwyneth Vaughan, awdur *O Gorlannau y Defaid* a nofelau eraill.

dwrnod!' Ac roedd ganddo duedd i ailadrodd ei hun yn ogystal. 'Fydd raid imi ga'l chwartar owns arall yn 'i phen hi. Waso, bydd.' Fel hen lanc, gweddol gyfforddus ei fyd, roedd ganddo fo'r modd i wneud hynny. Mae gin i frith gof am 'nhad yn lluchio'r paced wdbeins olaf iddo'i brynu i lygad y tân ac arfer chwarter canrif yn troi'n farwydos yn y fan. Ond gweld gwastraff yr arfer, a hithau'n ddyddiau'r Ail Ryfel Byd, a'i gyrrodd o i'w Ddamascus ac nid unrhyw dröedigaeth foesol. Yn nyddiau'r Diwygiad Methodistaidd, ac yntau'n flaenor gyda'r Hen Gorff, fe fyddai 'baco'r achos' wedi bod wrth fodd calon 'Wili Bodwyddog'. A synnwn i ddim na fyddai o, mewn dyddiau diweddarach – petai hynny'n dderbyniol gan bawb o'r saint – wedi tanio rhwng emyn a darlleniad, a rhwng emyn a gweddi.

Sgwn i be wnâi o 'gwrw'r achos', wedyn? Go brin y byddai'n ei dywallt i'w sgidiau! Mewn hen lawysgrif sy yng Ngholeg y Brifysgol ym Mangor mae yna gyfeiriad at un o'n hynafiaid ni, Richard Griffith, Blawty – ac mi fyddai hynny yn hanner cyntaf y bedwaredd ganrif ar bymtheg – a'i gymydog, Hugh Griffith, Bodwrdda, yn cydgerdded adra o oedfa ym Mhenycaerau gyda John Jones, Talysarn, 'pregethwr y bobol'. A John Jones yn eu slensio nhw i arwyddo dirwest. Ond cloffi rhwng dau feddwl roedd Richard Griffith yn ôl yr hanes. 'O'm rhan fy hun,' medda fo, 'mi fyddwn i'n fodlon ddigon i arwyddo dirwest ond fy mhoen mawr i, wedyn, fydda

5. Y pedwar plentyn tua diwedd degawd cyntaf yr hen ganrif; o'r chwith i'r dde: Wili, Sydna, Anne a Griffith. Mae golwg lled bryderus ar y pedwar. Lle pur ddiarth i'r teulu gwledig fyddai stiwdio Morgan Evans yn 'Salem Square', Pwllheli. Sylwer ar y tshaeniau watshis (a defnyddio tafodiaith Pen Llŷn) addurnol ar draws brestiau'r ddau hogyn.

sut i roi croeso i bobol ddiarth.' Wedi i Richard Griffith droi'r gornel wrth Siop Penycaerau a mynd i gyfeiriad y Blawty dyma Huw Bodwrdda'n troi at Dalysarn ac yn deud wrtho fo'n onest ddigon, 'Be oedd Richard Blawty'n cyboli yfo pobol ddiarth? Waeth gin i pwy arall fydda heb ddim pe cawn i ryw ddiferyn fy hun.' Hwyrach mai gyda gŵr Bodwrdda y byddai cydymdeimlad William Parry, nid hefo un o'i gyndeidiau.

Ar wahân i smocio ownsys o faco, y naill un ar ôl y llall, ac yfed ambell i ddiferyn roedd hefyd yn un stumongar ryfeddol a phob pryd bwyd yn un i'w fwynhau. Pethau melys a oedd bennaf at ei ddant. A phan fyddai teulu Bodwyddog ar hwylio galw acw, a ffrwythau yn eu tymor, fe wnâi mam deisen fala neu fwyar ar eu cyfer a fyddai dim diwedd ar y canmol: 'Un dda 'di Nel 'ma am gacan. Waso, ma' hi'n dda. Yn dda sobor.'

'Tamad bach eto, Wili?'

'Waso, ia.'

Ac os na fyddai'i chwiorydd o yno, i gadw llygad arno, roedd yna berygl i Wili fynd rownd y plât fesul darn fel na fyddai dim ar ôl i neb arall.

Roedd 'nhad yn fwy cymedrol hefo bwyd, a mam, oherwydd i un o'i dwy nain fynd fymryn ar y botel, yn llwyrymwrthodwraig gadarn. Pan alwon ni ym Modwyddog un nos Sadwrn, i dalu'r ymweliad yn ôl, roedd yno gig oen ar y platiau a mint-sôs mewn jwg. Am iddi beidio â chraffu'n ddigon manwl ar y label roedd Ann, neu Sydna, wedi rhoi dafnau o sieri ar ben y mint hwnnw yn hytrach na'r finag arferol. Fel Wili gyda'r gacen blât, fe ddechreuodd mam ganmol. Ymhen ychydig wythnosau, a'r camgymeriad wedi dŵad i'r fei, roedd mam yn cerdded heibio i dafarn y Whitehall ym Mhwllheli pan glywodd ei brawd-yng-nghyfraith yn gweiddi o'r drws: 'Dach chi ddim am droi'i mewn am dropyn o sieri hefo mi, Nel? Clywad chi'n canmol y mint sôs hwnnw!' Yn ôl yr hanes, ar y foment doedd mam – i ddyfynnu'r hen Frenhines Victoria – ddim yn or-blês.

O ran pryd a gwedd Iberiad oedd yntau, main, esgyrnog ond yn chwe throedfedd o daldra. Yn ôl lluniau ohono sy ar gael roedd o'n gwargamu'n ganol oed fel amryw o'i dylwyth. Roedd blew duon yn mynnu brigo allan drwy bob bwlch posibl – ei glustiau a'i drwyn yn arbennig – fel 'nhad o ran hynny, ac roedd angen eu barbio'n gyson rhag iddyn nhw ordyfu a mynd yn llwyni. Ond cyn belled ag roedd Wili yn y cwestiwn, nid y gwallt tywyll oedd yn drawiadol ond y llygaid duon aflonydd rheini dan fargodion o aeliau trwchus. Dw i'n dal i frifo wrth ddwyn i gof y tro olaf y gwelais o, yn ei wely yn Ysbyty Eryri, yma yng Nghaernarfon, yn un naw saith tri. Y pnawn hwnnw roedd popeth arall wedi mynd – yr egni a'r arabedd, y direidi a'r blas ar fyw – popeth ond y ddau lygad tywyll a ddaliai i befrio arna i'n anniddig, bryderus, uwch gwynder y dillad gwely.

6. William Parry a Curtis Price o South Dakota yn yr Unol Daleithiau. Morgan Evans, yr arwerthwr o Fôn, a drefnodd y cyfarfyddiad. Roedd Curtis Price, a oedd yn berthynas i'w wraig, ar ymweliad â Chymru ac yn awyddus i gyfarfod â 'chymeriad'. Ar f'ewyrth Wili y disgynnodd y coelbren. Roedd yr arwerthwr yn gynefin â'r mart yn Sarn Mellteyrn a Wili yn un o ffyddloniaid y lle hwnnw.

Hen lanc, meddwn i, a dyna'r gwir. Dydi hynny ddim yn gyfystyr â deud nad oedd ganddo ddiddordeb mewn merched. I'r gwrthwyneb, wir. Roedd ganddo hyd henaint lygaid ifanc. Fel y sylwais i, fwy nag unwaith, pan ddeuai sleifar o bishyn go handi ar draws ei lwybr bywiogai'n rhyfeddol a dangos mymryn ar ei blu. Ond phriododd o ddim. Bûm yn meddwl droeon beth a'i cadwodd rhag syrthio. Amgylchiadau, hwyrach, yn fwy na greddf. Roedd ei ddwy chwaer yn dal i fyw ym Modwyddog, a ddim yn debyg o godi'u hadenydd. Rhyfyg, felly, fyddai dŵad â merch arall eto i'r aelwyd.

Serch hynny, dyweddïodd gyda merch o blwy Aberdaron, ei chanlyn am

17

ddarn o oes ond heb fynd cyn belled â'i phriodi. Dwn i ddim sut y bu'r syrthio hwn yn ei hanes, na chwaith beth a olygai'r caru hwnnw a pha derfynau a osodid arno. Mynd yno am swper, o bosibl, unwaith yr wsnos – ar nos Sadwrn hwyrach – a mynd i'r parlwr wedyn am dipyn o fwytho cyn troi am adra. Caru digon dirgel oedd o yn ôl popeth a glywais i; caru tu ôl i ddrysau caeëdig yn hytrach na mynd â hi allan ar ei fraich i olwg pobl. Mi fyddai'n awgrymu hynny gydag un stori a ddeuai i'r wyneb yn achlysurol.

'Dw i'n cofio mynd i garu un noson, achan.'

'I Aberdaron, felly?'

'Ia,' ond swilio rhag rhoi'r manylion yn llawn.

'Doedd hi'n eira mawr. Eira at dopiau'r cloddiau, was. At dopiau'r cloddiau, cofia.' Roedd ganddo duedd, yn ogystal, i roi gormod o baent ar ambell i frwsh; fel rhai aelodau eraill o'i deulu o ran hynny. 'Ac ar noson olau leuad felly anodd iawn oedd i rywun guddio'i lwybrau. Ond fydda 'nhraed i i' gweld yn mynd yno ac yn dŵad o yno! A wyddost ti be 'nes i?'

'Na wn i,' er 'mod i wedi gwrando'r stori fwy nag unwaith o'r blaen. 'Mynd yno, yli. A bagio wrth ddŵad oddi yno.' Ar y gwrandawiad cyntaf fe gymerodd hi eiliad neu ddau i mi i weld clyfrwch y peth. 'Wel waso, doedd pawb wedyn yn meddwl bod 'na ddau 'di mynd yno a'r ddau 'di aros noson!'

Cwta dair milltir oedd yna rhwng Bodwyddog Fawr a chartre'r ferch ifanc – byrrach na hynny o groesi caeau neu gymryd llwybr brân. Serch hynny, doedd goleddiad y tir ddim yn help i garwr brwd, medda fo. 'Fel y gwyddost ti, ma' hi'n oriwaerad bob cam o fa'ma i Aberdaron. Ond y tynnu i fyny wedyn, wedi noson o garu, dyna oedd yn lladd rhywun. Waso, ia.' Finnau'n meddwl am foment mai'r ddaearyddiaeth a laddodd y garwriaeth. Ond wedi meddwl, doedd y dyn yn berchennog moto-beic a allai ddringo o Aberdaron i Fodwyddog tan ganu. Fyddai pwt o ar-i-fyny felly'n ddim i foto-beic pwerus. Ond tynnu coes roedd o yn hytrach nag agor ei galon ac ofer fyddai beio'r gelltydd am i'r garwriaeth honno wywo cyn pryd.

Gweld pendraw Llŷn ymhell o bobman y bydd pawb ond y brodorion; gweld pob man arall ymhell o Lŷn y bydd y rhai a fagwyd ar y Penrhyn. Pan symudon ni fel teulu i fyw i ardal Uwchaled – ar y ffin rhwng siroedd Dinbych a Meirionnydd ac o fewn ergyd carreg i hwylustod yr A5 – pellter y lle a gondemniai'n fwy na dim arall.

'I be dach chi isio mynd i fyw i ryw le pell fel hyn? Waso! Welis i ddim lle pellach, am wn i, fawr 'rioed. Fasa waeth iti fod wedi mynd yn genhadwr ddim. Wel, ran y pelltar!'

Ond rhaid cofio bod ei haul o dan gwmwl pur dywyll yn nechrau'r

7. Y teulu yn nechrau'r hen ganrif a'r llun wedi'i dynnu yng ngardd Bodwyddog gan ffotograffydd o Eifionydd y tro hwn, J. Moreton Davies. Henry Parry, y tad, yn y cefn; ei fam weddw, Ann, o'i flaen ar y chwith, a'i wraig, Jane, ar y dde. Wrth ochr ei nain mae Griffith, Anne ar lin ei mam a Wili'n sefyll wrth ei hochr. (Rhaid bod Sydna heb ei geni bryd hynny.) Merch ffarm Y Bryn, yn yr un ardal, oedd y fam, Jane. Bu hi farw yn 1922 yn 57 oed.

chwedegau ac yntau'n treulio dyddiau'r wsnos mewn ysbyty yn Ninbych a chyda ni ambell i fwrw Sul. Hwyrach i'r iselder a'i blinai, bryd hynny, beri iddo deimlo bod Penycaerau a Mynydd y Rhiw, Porth Ysgo a Llanfaelrhys, ymhellach oddi wrtho hyd yn oed na hyd eu milltiroedd. Wedi'r cwbl, bu'r teulu'n ffarmio'r un darn gwlad ers o leiaf ddechrau'r ail ganrif ar bymtheg, os nad yn gynharach na hynny: symud o Fodrydd i ffarm Penycaerau ac yna, yn un naw un naw, o Benycaerau i Fodwyddog Fawr ond glynu at yr un cynefin. Doedd o'n colli 'gweled wyneb brawd'.

Ond i droi i grwydro am foment. Roedd yna un neilltuaeth arall wedi bod yn ei hanes, dros ddeugain mlynedd ynghynt, a'r Fabilon honno'n un llawer pellach o Lŷn o ran hyd y milltiroedd ac o ran ei hawyrgylch. Rhywbryd tua dechrau'r Rhyfel Byd Cyntaf fe ymunodd William Parry â'r fyddin. Fedra i ddim credu iddo ymuno o'i wirfodd a chlywais i erioed sôn iddo wynebu tribiwnlysoedd. Mae'n rhaid tybio felly mai mynd o orfod wnaeth o, fel miloedd eraill. Beth bynnag y rhesymau, y cam cyntaf oedd teithio i Wrecsam, i bencadlys y Ffiwsilwyr Brenhinol Cymreig, i gael archwiliad meddygol. Fe'i cafwyd 'heb arno haint na chlwy', yn holliach. Serch bod ei frawd oddi cartref ar y pryd, yn nes ymlaen cafodd 'nhad wŷs debyg; mynd i Wrecsam i weld y meddyg a'i methu hi'n llanast. Ar y pryd, y goel oedd bod llyncu lwmp o sebon cyn brecwast yn ffordd ddi-feth i fethu'r prawf. Mae hi'n amlwg na ddaru f'ewyrth roi cynnig arni. Ond, chwarae teg i 'nhad, ddaru yntau chwaith ddim mentro'r lwmp sebon.

Fe alla i ddychmygu'i bod hi'n dipyn o wewyr y dydd y gadawodd Wili fuarth Penycaerau am ei wersyll hyfforddi: Henry Parry, ei dad, yn draed i gyd a Jane, ei fam, yn ei dagrau mae'n ddiamau. Ond o ran peryglon y rhyfel ni fu raid poeni'n ormodol. 'Waso! Fu dim rhaid imi gymaint â 'glychu 'nhraed, cofia.' Dyna'r gwir mae'n debyg. (Wedi'r cwbl, roedd o'n foi am osgoi pyllau!) Gallasai, mae'n debyg, fod wedi gorfod ymladd ar benrhynoedd noethion y Dardanelles, fel y bu hi'n hanes nifer o fechgyn Llŷn, neu fod wedi wynebu lladdfa'r Somme, ei ladd yn y brwydro mawr yn Ypres neu ar Gefn Pilkem – fel Hedd Wyn.

8. Llun a dynnwyd gan yr Excelda Studio, yn 20 Stryd O'Connell, Limerick.

9. Llun cynnar o'r New Barracks, a ailfedyddiwyd yn Sarsfield Barracks yn 1929, trwy garedigrwydd Micheál Ó Floinn, Limerick.

Yn Nhachwedd un naw un saith symudodd Bataliwn o'r Ffiwsilwyr Brenhinol Cymreig o Litherland i'r New Barracks yn Limerick yn Iwerddon ac yno'r anfonwyd f'ewyrth, i 'gadw cow', chwedl yntau, ar y Gwyddelod. Rhoddai'r argraff bob amser iddo gael 'rhyfel dda' a mwynhau'i seibiant oddi cartref. Wrth browla drwy hen dun cadw hetiau'n llawn lluniau, yng nghwmni Jean fy nghyfnither, fe ddois i ar draws dau lun ohono yn iwnifform y fyddin. Llun ohono ar ei eistedd oedd y cyntaf. Yn y llun arall, safai'n dalsyth, ffyrnig yr olwg, a baton o dan ei gesail fel petai o'n ymbaratoi i frwydr. Ond wyneb digon pryderus sydd yn y ddau lun fel ei gilydd. Ond, dyna fo, hwyrach mai dyna'r edrychiad a'r wyneb y gofynnwyd amdano gan y tynnwr lluniau.

Dyna fo, hwyrach mai lluchio llwch i'n llygaid ni roedd o wrth ganmol ei fyd. Lle llwm ryfeddol oedd yn y gwersyll hwnnw yn ôl tystiolaeth rhai eraill o Lŷn a oedd yno ar yr un cyfnod, y bara'n brin a'r amgylchiadau byw yn gyntefig ryfeddol. Bu gŵr a gofiaf yn dda, William Humphreys o Nefyn, yn filwr yn yr un gwersyll. Yn ôl ei wyrion, unwaith anfonodd ei fam deisen fwyar duon iddo ond erbyn i honno gyrraedd Limerick roedd hi'n llwydni byw. Ond fe'i llowciwyd yn y fan, llwydni neu beidio, gan gymaint oedd y prinder bwyd ar y pryd. Yn ddiweddarach, wedi'i glwyfo yn y Rhyfel Mawr, cyrhaeddodd y bardd Siegfried Sassoon i'r un gwersyll a chael y lle, yn ôl yr hyn a ysgrifennodd, wrth ei fodd. Ond roedd Sassoon, wrth gwrs, yn swyddog. Beth bynnag y gwir, hwyrach mai cael ei gyflyru gyda threigl y blynyddoedd i gofio'r dyddiau difyr, y dyddiau braf, fu hanes William Parry a'r cof, fel sy'n digwydd mor aml, yn mynnu cau allan ddyddiau cymylog.

Yn ei hwyliau gorau, a'r cymylau ymhell, roedd o'n ddiddanwr gyda'r medrusaf ac, fel cyfarwydd y Pedair Cainc, yn barod i lonni unrhyw gwmni ag 'ymdidaneu digrif' ac yn 'hoff gan bawb o'r llys'. Petai o wedi'i eni yn y bedwaredd ganrif ar bymtheg, dw i'n siŵr braidd y byddai'n ymwelydd derbyniol ym mhlas Bodwrdda gerllaw, lle noddid beirdd a storïwyr. Un o'i ragoriaethau fel cyfarwydd oedd synnwyr dramatig diogel a'r gallu i droi digwyddiad digon cyffredin yn destun rhyfeddod mawr iddo'i hun ac i'w wrandawyr. Wrth adrodd stori, llifeirio siarad oedd ei arfer, fel na allai neb arafu'r rhyferthwy drwy amau gosodiad neu ofyn cwestiwn. Hwyrach mai'r arlliw o atal deud a oedd ganddo a'i gorfodai i ddal mewn gêr unwaith roedd o wedi dechrau arni. Yn wir, roedd y mymryn atal deud yn rhoi iddo'r union saib dramatig cyn saethu allan yr ergyd derfynol neu'r llinell glo. Ond yn wahanol i storïwyr yr Oesoedd Canol doedd dim rhaid i William Parry wrth na neuadd eang na noddwr cyfoethog i fynd ati i adrodd ei fabinogi. Fe'i gwelwyd droeon ar balmant y stryd fawr ym Mhwllheli, ar ddiwrnod marchnad, wedi rhoi'i bwrs baco yn fath o glustog a dan un pen-glin – gan y byddai'r hanes a oedd ganddo i'w adrodd yn debyg o fod fymryn yn faith – ac yn diddori rhyw gwmni neu'i gilydd.

10. Wedi priodi, bu 'nhad yn ffarmio Penrhyn-mawr, ar y trwyn uwchben Aberdaron. Bellach, mae'r ffermdy a'r tir yn eiddo i'r Ymddiriedolaeth Genedlaethol. Ond wedi i mam gael gwaeledd fe'n gorfodwyd i fudo i Lwyn Onn, lle llai, rhwng pen Mynytho a bae Porth Neigwl, ar gyrion pentre Llangian. Yn nyddiau Penrhyn-mawr, mae'n debyg, y tynnwyd y llun hwn. Synnwn i ddim nad 'fisitor', chwedl pobl Llŷn, ydi'r ferch ifanc sy'n sefyll wrth siafft y drol.

Dwn i ddim, chwaith, o ba gangen o'r dderwen deulu y blagurodd y ddawn deud a'r synnwyr digrifwch a nodweddai f'ewyrth Wili – a fy nhad o ran hynny. Yn wir, roedd 'nhad yn gystal storïwr bob blewyn, ond gyda chwmni llai roedd o hapusaf a chymerai o mo'r deyrnas yn grwn â bod yn berfformiwr stryd fel ei frawd. Fy nhad fyddai'n adrodd y stori am haid o sipsiwn yn galw heibio i Fodwyddog Fawr ar ddydd gwaith i werthu matiau. Ar y pryd roedd Henry Parry a'i feibion – a'r gweision mae'n fwy na thebyg – allan yn y caeau ac ymhell o'r tŷ. O sylweddoli nad oedd neb o gwmpas ond y ddwy ferch ifanc, Anne a Sydna, fe aeth y sipsiwn yn hyfach na'u croeso. Dyma nhw'n camu dros y trothwy, mynd i mewn i'r gegin a hawlio pryd da o fwyd. Pan oedd y sipsiwn wrthi'n gwledda pwy ddychwelodd at y tŷ ond Henry Parry, a'r meibion. (Un ysgafn ar ei droed oedd o, medda nhw, ac yn twymo'n hawdd.) Wedi sylweddoli'r sefyllfa, yr hyn wnaeth o oedd cydio yn y coco-mating a'u lluchio nhw, fesul mat, nes eu bod nhw'n disgyn fel cawod o ddail yr hydref i'r domen dail. Fe ddaeth y sipsiwn allan o'r tŷ, mae'n debyg, yn gynt nag yr aethant i mewn a rhuthro i hel y matiau soeglyd o'r biswail – 'fel haid o frain yn lloffa ar gae sofl', yn ôl 'nhad – cyn ei gleuo hi am y giât lôn.

Ond ofer pob dawn deud a synnwyr digrifwch heb flewyn o ddychymyg. O gangen arall i'r dderwen deulu y tarddodd hwnnw, mae'n debyg. Y taid o ochr y fam oedd William Griffith, 'Dyn Mawr y Bryn' fel y cyfeirid ato. Mae chwedlau celwydd golau am hwnnw yn dal ar gerdded, yn arbennig

11. Henry Parry – y 'lluchiwr matiau' gynt – gydag Anne, ei ferch hynaf, ar fuarth Bodwyddog Fawr. Tynnwyd y llun yng Ngorffennaf 1930.

felly am ei fawrdra. Roedd o mor fawr a chryf o gorff, medd yr hanes, fel bod twll llawes ei wasgod yn ddigon mawr i fynd am ganol dyn cyffredin a'i hosan yn ddigon mawr i gario hobaid o haidd ynddi. Gallai William Griffith nofio allan o fae Aberdaron am gryn filltir gan gario dyn o faintioli cyffredin ar ei ysgwyddau. Yn yr haf, cadwai ddefaid ar y ddwy ynys sydd ym mae Aberdaron – Ynys Gwylan Fach ac Ynys Gwylan Fawr – a byddai'n nofio allan o Drwyn Penrhyn i fynd i'w golwg ac yna nofio'n ôl wedyn. I goroni'r cwbl, os oedd William Griffith am droi yn ei wely byddai rhaid iddo godi a mynd i ben y grisiau. Dyna'r math o chwedlau a oedd wrth fodd calon y teulu ac fe'u hadroddid gydag afiaith. Ond, serch ei gryfder, bu 'Dyn Mawr y Bryn' farw cyn troi'i hanner cant yn un wyth pum un.

O edrych yn ôl, yr un straeon yn aml oedd at law gan 'nhad a'i frawd ac roedd y dewis yn lleng. Yr un a ddaw i'm cof y funud yma ydi'r stori honno am ferch ifanc a aeth i gaethgyfle o geisio dynwared ei gwell. I ddechrau roedd rhaid gosod y llwyfan a pheintio'r cefndir.

'Mi gofi Wil Ellis, o Fynytho?'

'Gna.'

'Waso! Dyna iti ddyn ystwyth. Wel, fel walbon. Fel walbon, cofia. Mi fedra hwnnw fwrw'i din droes ei ben heb dwtsiad y llawr.'

'Bobol!'

12. I'r chwith, y llafn môr, digon brochus – rhwng Trwyn Penrhyn ac Ynysoedd Gwylan – y nofiai 'Dyn Mawr y Bryn' drwy'i gerrynt, meddan nhw. Pan oedd 'nhad yn ffarmio ym Mhenrhyn-mawr, yn y tridegau, daliai yntau'r ddwy ynys yn dir pori i ddefaid. Ond, yn wahanol i'w hen daid, ei arfer oedd mynd yno mewn cwch, a dychwelyd yr un modd!

'Ac mi nabodi Defi'r Hendra, debyg?'

Ond gwybod amdano ro'n i yn fwy na'i nabod o mewn unrhyw ddyfnder. Roedd yna berthynas teulu, ond o bell. Hen lanc ac amaethwr oedd David Williams yn ffarmio ar gyrion Aberdaron gyda'i chwaer, Claudia, ac yn gwerthu llefrith o dŷ i dŷ ymhlith gorchwylion eraill. Yn ôl ysgrif a gyfansoddwyd amdano ar gyfer cystadleuaeth, ac sy'n dal ar gael, roedd o'n dipyn o fardd gwlad, yn garwr diwylliant ac o ran ei argyhoeddiadau crefyddol yn Wesla i'r stanc. Un o'i hoff ymadroddion, beth bynnag yr amgylchiadau, oedd 'Del iawn': llo newydd ei eni a phregethwr Wesla, fel ei gilydd, yn 'ddel iawn'. Ond mae hi'n bryd i roi'r llwyfan yn ôl i'r storïwr.

''Gin i go am Wil Ellis yn mynd drwy'i bethau ym Mhafiliwn y Rhos ryw nos Sadwrn a Jemeima, morwyn yn yr Hendra, yno. Waeth iti prun, camp ola Wil noson honno oedd ista ar 'i gwrcwd, gwthio'i goesau tu ôl i' ben a'u plethu nhw wedyn. Waso! Meddwl am y peth. Ond yr eiliad nesa iti, roedd o ar 'i draed ac yn syth fel soldiar. Chlywist ti'r fath guro dwylo yn dy oes. Naddo yn dy oes. Ond wyddost ti be ddigwyddodd i Jemeima?'

Ro'n i wedi clywed am ei anghaffael hi oddi ar dafod 'nhad, droeon byd, ond pa werth oedd tynnu'r llenni cyn pryd? 'Ia?'

'Wel bora drannoeth iti – a Defi a Claudia wedi mynd am y capal Wesla – mi gafodd Jemeima awydd mawr i drio dynwarad Wil Ellis. Waso, do. Mi 'steddodd ar 'i thin ar yr aelwyd, o flaen y grat, ac mi gafodd un goes dros 'i hysgwydd. A wir iti, hefo dipyn o ymdrach mi gafodd y llall wedyn. Ond yn wahanol i Wil, fedra Jemeima ddim chwalu wedyn. Dyna lle roedd hi, fel ryw ŵydd newydd 'i phluo, a'i syspensions hi i gyd yn golwg, a'r tatws a'r moron yn berwi drosodd. 'Leciwn i fod wedi'i gweld hi cofia. Waso, leciwn. A phan ddaeth Defi drwy'r drws, a'i gweld hi'n din-noeth felly, wyddost ti be ddeudodd o?' Ond difetha'r ddrama fyddai neidio'r ciw. "Wel, del iawn, Jemeima Jones", medda fo, "Del iawn", a mynd ati i' dadfachu hi, fesul cymal – iddyn nhw ga'l ryw lun o ginio.' Ond a oedd y digwyddiad anffodus hwnnw yn gymaint o gomedi â hynny? Camp comedïwr da, wrth gwrs, ydi peri i bethau ymddangos felly.

A sôn am William Ellis, yn ôl ei ferch, Rhian, dechreuodd fynd o gwmpas i ddiddanu yn y tridegau, adeg codi Neuadd Mynytho – y neuadd a 'adeiladwyd gan dlodi', chwedl Williams Parry – ac i gasglu arian at y gwaith. Ffurfiwyd parti canu yno a'i alw, o bob enw, yn Nigger Minstrels. Mabolgampio a gneud triciau oedd cyfraniad Wil Ellis. Un o'i gampau, meddai'i ferch, oedd cordeddu'i gorff i fedru gwthio'i hun drwy gasgen gyfyng – i mewn drwy un pen ac allan drwy'r pen arall. Hefyd, roedd hi'n hollol wir y gallai daflu'i goesau dros ei ysgwyddau. Ond yn wahanol i Jemeima, druan, gallai ddadfachu'n hawdd wedyn.

Yn ogystal, roedd Wili'n ŵr yr ateb parod ac fe allai hynny, ambell dro, daro deuddeg. Eraill a glywais yn adrodd stori'r blawd ieir. Arfer Bodwyddog Fawr, mae'n debyg, oedd prynu'r blawd hwnnw ym Mhwllheli. O Warws brysur Lloyd Beehive, hwyrach, a'i brynu fesul llwyth gan fod ym Modwyddog ieir lawer. Ond pan fyddai'r cyflenwad ar ddarfod, a neb wedi sylweddoli hynny, fe orfodid William Parry i bicio draw i Warws ym Mhengroeslon, dair milltir i ffwrdd, i chwilio am 'chwartar cant', yn damaid i aros pryd. Yn naturiol, roedd cwsmer tywydd drwg fel hyn yn dân ar groen y ffyrm gydweithredol ym Mhengroeslon. Pan gyrhaeddodd o un pnawn gwlyb i brynu'r 'chwarter cant' a nifer o ffermwyr yno'n ymochel rhag y glaw, fe gafodd ateb heb ei ddisgwyl.

'Pam nad ewch chi i Bwllheli, William Parry?' holodd y rheolwr. 'Fan'no byddwch chi'n ca'l ych pethau 'te?' A'r segurwyr a wyliai'r ddrama'n nodio'u pennau, hwyrach, i ategu hynny.

'Waso, ia,' ac roedd William Parry wedi'i yrru i gongl. 'Ond blawd sâl, cofia, ydi blawd Pwllheli. A deud y gwir iti, ma' blawd Pengroeslon 'ma mor dda fel ma' dim ond dyrnad o hwn fydda i'n roi hefo cant o'r llall.'

'Wel os ydi hwn mor dda,' meddai'r gwerthwr blawd wedyn, heb weld y tynnu coes, 'pam na rowch chi ddim ond blawd Pengroeslon iddyn nhw 'ta?'

'Fel hyn ma' hi,' meddai Wili. 'Tawn i'n rhoi dim ond blawd Pengroeslon iddyn nhw, waso, fydda'r ieir 'cw'n bledu wyau allan o'u penolau, wrth y cannoedd, a fydda'r genod 'cw,' a chyfeirio at ei ddwy chwaer, 'byth yn medru ca'l digon o amsar i' hel nhw.'

Ac yn ôl y goel, fe gafodd o'r 'chwarter cant', er mawr ddifyrrwch i'r rhai a oedd yn gwylio'r ddrama.

Yn nyddiau Porthmadog, roedd yna 'ddyn incwm tacs' yn aelod yn un o gapeli fy ngofal ac roedd gan hwnnw, hefyd, stori am flawd ieir. Cyfeirio wnaeth o at ffarmwr o Lŷn a oedd yn cadw ieir – dwn i ddim a oedd o'n taro'r post i'r pared glywed ai peidio – ac yn anfon ei ffurflenni treth i'r swyddfa yn y Port. Roedd hi'n amlwg bod y ffarmwr dienw hwnnw yn cadw llawer iawn o ieir ond yn cael ychydig iawn o wyau. Ta waeth, fe anfonwyd llythyr Saesneg ato, yn unol â ffasiwn y cyfnod, yn awgrymu y dylai hyn a hyn o ieir ildio hyn a hyn o wyau. Ar waelod y llythyr roedd yna orchymyn, gorchymyn a achosai beth braw i rai yn yr oes honno: 'Please reply in the space provided'. Daeth ateb yn ôl gyda'r troad. Un frawddeg Gymraeg oedd hi wedi'i llunio ar ffurf cwestiwn a'i hysgrifennu gyda beiro ddyfrllyd, braidd: 'Annwyl Syr, Pa flawd ieir, felly, ydach chi'n recomendio?' Ar un wedd, fe hoffwn i gredu mai f'ewyrth oedd ei hawdur. Byddai peth felly yn nhoriad ei fogail. Eto, go brin. Ar y llaw arall, pam bu i ddyn y dreth rannu'r wybodaeth hefo mi, yr unig gyfrinach o'r fath a rannodd gyda mi erioed? Felly, 'Boed anwybod yn obaith'.

Yn rhyfedd iawn, serch ei awch am fyd digri doedd o ddim yn chwarddwr hyd at ddagrau. I mi, dipyn o syrffed ydi'r storïwr hwnnw sy'n siglo chwerthin yn ddilywodraeth am ben ei ddigrifwch tybiedig ei hun, naill ai'n union wedi darfod ei stori neu, ambell waith, cyn dechrau arni. Chwerthin â'i lygaid y byddai Wili gan amlaf, a gadael yr ymateb i'r gwrandäwr. Mae gin i ddamcaniaeth nad ydi brodorion pendraw Llŷn, at ei gilydd, ddim yn rhai sy'n chwerthin yn agored – o'u cymharu, dyweder, â phobl bro'r chwareli yma yn Arfon. Un peth sy'n ategu hynny ydi disgrifiad Cynan – ac roedd o'n un o Lŷn – o bobl Uwchmynydd. A fedrwch chi ddim mynd yn ddyfnach i Lŷn nag i lethrau'r Mynydd Mawr ac i olwg Enlli.

A'u tylwyth fel eu teios, yn hoff ac yn hen,
Yn araf eu gwg ac yn araf eu gwên.

Stori dda ydi honno am 'Wili Bodwyddog' a'i gymydog a'i gyfaill oes, Richard Thomas, Meillionydd, yn gyrru adref o ddarlith ym Mhafiliwn y Rhos, neu ryw fan cyfarfod arall, wedi bod yn gwrando ar Bob Owen, Croesor, yr hanesydd a'r 'drylliwr delwau' yn bwrw drwyddi. Ac meddai gŵr Meillionydd wrth ei gyfaill mawr, 'Doedd Bob Owan yn ddoniol heno 'ma?' 'Yn ddoniol?' ebe'r llall. 'Waso, oedd. Ro'n i'n ca'l job, cofia, i beidio chwerthin.' Os gwir y stori (a hwyrach ei bod hi'r un mor wir am ddeuoedd eraill, a sawl gwaith drosodd) at y chwerthin haerllug, agored, roedd Wili'n cyfeirio ac nid at y llawenydd hwnnw a oedd mor aml yn llond ei galon.

Ond fforte f'ewyrth William fel diddanwr oedd siarad Iaith y Brain. Bu Gruffudd Parry yn gwrando arno yn niwedd y pumdegau wrth baratoi'i glasur *Crwydro Llŷn ac Eifionydd*:

> Trwy ffordd gul heibio Bodwyddog Fawr ar y chwith, ac ym min hwyr ar ôl noswyl, gellid taro ar y ffermwr o gwmpas ei dir a chael sgwrs ddiddorol a ffraeth a ddylai fod yn ateb i'r bobl hynny sydd am fynnu nad oes cymeriadau i'w cael yng nghefn gwlad erbyn heddiw. Rhaid wrth gymeriad go arbennig i fod wedi dysgu'r iaith a siaredir, meddai ef, gan y brain yng nghoed Meillionydd a choed Bodwrdda, ac a fyddai yn fodlon, ar ôl peth perswâd, i'w hadrodd, heb fawr o wên ar ei wyneb ond â gwên fawr yn ei lygaid.

Sgwn i pa ddyfyniad a gafodd ganddo? Os cofia i'n iawn, fel hyn roedd un o'i ffefrynnau'n dechrau: *Ryw bywiocáu afler iawnol ganol feiciol yw ein bywiocáu ninnau dydi weirglodd cans gorffwysed nid yn anweledydd y dydd majesun arun . . .* Neu un arall, hwyrach. Yr un a awgrymai i mi'n blentyn rediad berf a pheri imi dybio bod brain ardal Penycaerau'n ramadegwyr yn ogystal: *Ymdetlan ymdetlan ymdetlyn ymbetanlont amseranlont mewn beddrod euddeugant a ddêl ac a seliwyd a seliau utgyrn ffliwitsh.*

Pan ofynnwn i 'nhad, pan o'n i'n blentyn, ddeud dipyn o Iaith y Brain wrtha i ei ateb yn ddi-feth fyddai, 'Iaith pa frain 'ti isio? Iaith brain coed Bodwrdda 'ta iaith brain coed Meillionydd?' Fûm i erioed yn glir fy meddwl, prun ai dau frid gwahanol o frain yn siarad ieithoedd gwahanol i'w gilydd oedd hyn, ynteu'r un math o frain yn siarad yr un iaith â'i gilydd ond bod y dafodiaith yn amrywio ar sail lle roeddan nhw'n clwydo. A phan ofynnwn iddo, wedyn, ymhle y cafodd o'r iaith, yr ateb fyddai, 'Gin Obadiah, Pwll Budr'. Ond pan ofynnwn iddo, ymhellach, ymhle cafodd Oba hi, yr ateb fyddai, 'Wel, gin y brain, siŵr iawn, yng nghoed Meillionydd a choed Bodwrdda'.

Gŵr o'r fro oedd Obadiah Griffith ac un a'i lathen ddim yr un hyd â llath. Am ran helaeth o'i oes trigai gyda'i chwaer – 'Sara Oba' fel y'i gelwid – mewn bwthyn o'r enw Croesfryn, ym mhlwy Bryncroes, yn gweini ar ffermydd yn yr ardal a thu hwnt. Ei waith beunyddiol, ar un cyfnod, oedd cario pynnau o flawd gyda throl a mul o Felin Bodwrdda i rai o dyddynnod a ffermydd y fro. Wrth gerdded milltiroedd meithion, ddydd ar ôl dydd, llafarganai bytiau o bregethau hoelion wyth y cyfnod neu dameidiau o Iaith

13. Yr hen 'ieithmon'. Mae ei garreg fedd ym mynwent eglwys blwy Bryncroes. Ond mae brain yn dal i glwydo yng nghoed Bodwrdda ac yng nghoed Meillionydd. Hwyrach eu bod nhw'n dal i siarad yr un iaith ond ein bod ni – mewn oes lai crediniol, ac wedi colli Obadiah Griffith – heb glustiau i'w clywed.

y Brain – i ddifyrru'r mul, mae'n debyg, ac er bendith iddo'i hun. 'Cymeriad oedd Oba', meddai Griffith Griffiths yn ei gyfrol, *Blas Hir Hel*. 'Arferwn ag arllwys cynnwys fy mhoced stympiau cigaréts ar y clawdd o flaen Pwll Budr ar bnawn Sul iddo eu cael i'w cnoi am fod ei faco yn brin'. Yn y Cartref ym Mhwllheli – y Wyrcws fel y gelwid y lle unwaith – y gorffennodd yr hen ieithmon ei ddyddiau. Cerddai strydoedd y dref, fel y cerddai wrth ochr y mul gynt, ei ddwylo wedi'u plethu tu ôl i'w gefn ac yn siarad hefo fo'i hun bymtheg yn y dwsin. Ond golwg dyn allan o'i fyd oedd arno i mi, bryd hynny. Dyna fo, hwyrach y teimlai fod mul y Felin, slawer dydd, yn barotach gwrandäwr arno na rhai o bobl tre Pwllheli.

Unwaith, bob hyn a hyn, ymddangosai nodyn tebyg i hwn yn y papur newydd o dan y golofn newyddion lleol: 'Yr wythnos ddiwethaf clywsom William Parry, Bodwyddog Fawr, ar y radio yn adrodd Iaith y Brain. Ein llongyfarchiadau iddo'. Ac ar ei addefiad ei hun cafodd werth sawl owns o Faco'r Brython yn dâl am ei drafferth a rhyfeddai bob amser iddo gael cil-dwrn mor hael am waith mor rhwydd a gwaith a oedd gymaint wrth fodd ei galon. Fel yr awgrymodd Gruffudd Parry yn ei gyfrol, 'iaith wneud' oedd hi 'ac enghraifft ddiddorol o hen ysfa sydd mewn llên gwerin i ddynwared sŵn iaith . . .' Yn rhifyn Hydref 2007 o *Llafar Gwlad* cyhoeddodd Lora Roberts – Llanystumdwy bryd hynny – ysgrif hynod o ddiddorol o dan y pennawd 'Obadeiah a Brain Llŷn'. Yn ôl Lora, roedd yna iaith 'Brain Sarn' yn ogystal. Roedd 'nhad, hefyd, yr un mor hyddysg yn Iaith y Brain a gallai'i siarad hi gyda'r un rhwyddineb. Wedi'r cwbl, wrth draed Obadiah Griffith yr hyfforddwyd y ddau. Mae yna rai o hyd sydd â chrap ar Iaith y Brain. Ond dim ond crap yn unig. Pan fu farw William Parry, Bodwyddog Fawr, diflannodd ei gwir siaradwyr o'r tir. Achos un peth ydi clywed sŵn yr iaith ar ddisg neu ar dâp, neu'i darllen hi mewn print; iaith i'w gweld yn cael ei siarad oedd hi, yn gymaint â dim arall, iaith i'w pherfformio.

A dyma fi'n cael un cip olaf arno, yn tynnu'r cetyn chwilboeth o'i geg, ei guro ar flaen ei esgid i arbed cychwyn tân ac yn bwrw iddi mor llifeiriol ag erioed heb na choma nac atalnod llawn, nac unrhyw atalfa arall: '*Iwnial coles jeifus wefing membrans getting oilid spanish and the shifs and relish bron that ruthesofampton nicsoloffun trimesiyr sleming steials licswm sterics brilded hiwmanisti beibethisborn and the wefing iwnial coles'*.

Gŵr cyfeillgar oedd f'ewythr, yn dymuno bod ar delerau da ag ef ei hun ac â phawb arall o'i gwmpas. Nid na allai chwythu ffiws ar dro. Dw i'n ei gofio'n chwythu un unwaith, un fach bump amp. Yn nyddiau coleg, ro'n i wedi gweithio haf cyfan yn condyctio bysys i gwmni'r Crosville ac wedi hel digon o gelc i brynu recsyn o gar penagored, yr ANA 109 wrth ei enw, am bymtheg punt ar hugain. Roedd iddo ddwy sedd – hwylus i garwr ifanc, yn ddigon heb fod yn ormod – yr injan yn saith celrym a'i do yn agor a chau yn ôl ffansi'r gyrrwr a natur y tywydd. Wedi iddo weld y 'cerbyd tân' ar fuarth fy nghartref fe'i perswadiais i ddŵad hefo mi am sbin cyn swper. Wedi peth crefu, ac iddo yntau gael hamdden i gael tân ar ei getyn, fe gytunodd. Rhyfyg ar fy rhan oedd penderfynu gyrru i lawr ffordd drol a redai i lawr i gyfeiriad dwy ffarm gyfagos, ffordd gul ag iddi wyneb tyllog ryfeddol. Rhyfyg gwaeth oedd penderfynu dangos fy medr fel gyrrwr

14. Y cerbyd tân a'i berchennog ifanc ar fuarth Bodwyddog yn y pum degau. Fe'i cofrestrwyd yn ardal Manceinion ar y cyntaf o Fedi 1933. Enw'r math yma o fodel, a ddaeth ar y farchnad yn 1929, oedd 'chummy' a pherthynas gynnes felly a fu rhwng ANA 109 a minnau gydol yr amser. Fe'i henwyd felly, meddir, oherwydd yr agosrwydd rhwng seddau'r teithiwr a'r gyrrwr!

(hynod ddibrofiad mae'n wir) a faint o gyflymdra a oedd yn bosibl o wasgu'r sbardun i'r pen. Roedd tân o'r cetyn yn tasgu i bob cyfeiriad, f'ewyrth yn brwydro i gadw'i het ac yn cael ei gorddi a'i sgrytian yn ddidrugaredd. Hwyrach mai dim ond pump a deugain oedd ar y cloc pan oedd y gyrru ar ei eithaf ond o gofio wyneb, neu ddiffyg wyneb, y ffordd a chyflwr ceir o ddechrau'r tridegau roedd y gyrru'n ynfyd: 'Waso! Stopia'r llymbar gwirion ne' mi lladdi di ni'n dau. Gnei tawn i'n llwgu.' Dyna'r foment yr aeth y ffiws yn grybibion. Gyrru rhesymol iawn a fu ar y ffordd yn ôl ac yntau'n canmol, 'Car bach clyfar sobor. Clyfar sobor. Waso, ia.'

Roedd ganddo lu o ffrindiau a'r rheini, ambell dro, yn gyfeillion annisgwyl. Un o'r rheini oedd Jack Pollecoff. Iddew oedd Pollecoff, fel yr awgryma'i enw, a'i deulu wedi sefydlu siopau dillad llewyrchus ym Mangor a Phwllheli. Er iddo farw o dan amgylchiadau anffodus yn un naw wyth dau, gŵr llawen oedd y Jack hwnnw a gŵr busnes llwyddiannus ryfeddol. Ymdaflodd ei hun i fywyd tre Pwllheli a Phen Llŷn, dysgu'r Gymraeg yn weddol, a dod yn faer y dre yn niwedd y chwedegau. Mae'n debyg mai cael hawl i saethu – yn rhad ac am ddim, mae'n ddigon posibl – ar dir Bodwyddog Fawr oedd dechrau'r cyfeillgarwch. Prun bynnag, fe ddaeth yr 'Hebrëwr' yn ymwelydd cyson â chegin Bodwyddog, yn eistedd

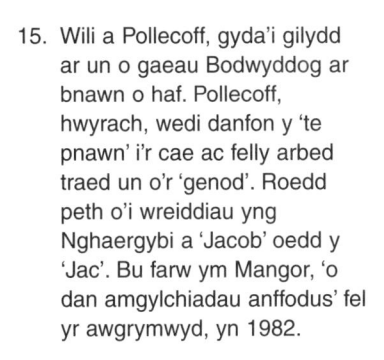

15. Wili a Pollecoff, gyda'i gilydd ar un o gaeau Bodwyddog ar bnawn o haf. Pollecoff, hwyrach, wedi danfon y 'te pnawn' i'r cae ac felly arbed traed un o'r 'genod'. Roedd peth o'i wreiddiau yng Nghaergybi a 'Jacob' oedd y 'Jac'. Bu farw ym Mangor, 'o dan amgylchiadau anffodus' fel yr awgrymwyd, yn 1982.

ar y setl yng ngwres yr 'Aga', y gwn bygythiol yn gorffwys rhwng ei bengliniau a'i ffroenau'n anelu i gyfeiriad y nenfwd. A phwy a ŵyr na chafodd Pollecoff, wedi blynyddoedd o gwmnïa fel hyn, grap ar Iaith y Brain a digon o ras i beidio â saethu'r brain tafotrydd rheini a glwydai gynt yng nghoed Meillionydd a choed Bodwrdda.

Ond ei ffrind pennaf oedd Jerry. Jeremïah Williams a rhoi iddo'i enw Sul. Roedd y ddau o'r un fro: Wili wedi'i fagu yn ffarm Penycaerau a Jerry, ar gyfnod, yn byw lled ychydig gaeau i ffwrdd yn Nhai'r Efail – lle'r oedd ei weithdy saer. Mae'i fab Jac, J. G. Williams, yn y gyntaf o'i gyfrolau, *Pigau'r Sêr* – cyfrol a gafodd gymaint o'i chanmol – yn cyfeirio at gyfeillgarwch y ddau deulu: 'Yr oedd yno le nefolaidd yn y Bodwyddog. Gwyddwn yn iawn, heb i neb ddweud, bod Nhad a phobl y Bodwyddog yn bennaf ffrindiau. Os byddai rhyw dridiau wedi pasio heb iddynt weld ei gilydd byddai Wili neu Griffith yn siŵr o alw yn Nhai'r Efail efo'r Douglas'.

Roedd campau a stranciau'r 'Douglas' yn rhan o'r traddodiad llafar pan oeddwn i yn blentyn a 'nhad a Wili, fel ei gilydd, yn cyfeirio gyda chysondeb at y moto-beic gwyrthiol hwnnw wrth hel eu hatgofion. (Yn drasedïol iawn, wrth iddi deithio ar biliwn y Douglas, tu cefn i 'nhad, cafodd ei fam ergyd o'r parlys a marw'n ddiweddarach.) Yn llanciau ifanc, i Dai'r Efail, at Jerry, y cyrchai 'nhad a'i frawd fin nos, i dynnu torch a bwrw drwyddi neu i dynnu'r 'Douglas' enwog yn ddarnau mân dim ond i gael ei osod yn .ôl wedyn fesul sgriw a nytan. Ond Jerry oedd y mecanic. Mae Griffith Griffiths, ei frawd yng nghyfraith, yn cyfeirio yn *Blas Hir Hel,* at Jerry'r mecanic:

> 'Roedd motor beic 'Douglas' ym Modwyddog, un yr oedd yn rhaid rhedeg wrth ei ochr i'w danio. Byddai'n hen ffasiwn iawn heddiw. Pan fyddai rhywbeth o'i le arno, Jerry oedd y dyn i'w drwsio. Gwelais archwiliad arbennig iawn yn cael ei wneud arno ar yr aelwyd wrth dân y gegin ryw gyda'r nos. Roedd Jerry yn beiriannydd penigamp ac yn drefnus a thrylwyr gyda'i waith. O'r diwedd codwyd y motor beic ar ei stand a rhoddwyd plwc ar yr olwyn ôl. Er syndod i bawb, ac yn enwedig i'r merched, fe daniodd y peiriant yn syth. Gellwch ddychmygu'r twrw a'r mwg oedd yno. Yna bu'n rhaid codi'r cadeiriau i gyd ar y bwrdd ar ganol y llawr er mwyn i Jerry gael mynd rownd y gegin ar gefn y motor beic!'

Er i Jerry fynd yn forwr unwaith, a nes ymlaen symud gyda'i deulu i Lanystumdwy yn Eifionydd, ddaru'r newid gwlad a newid byd ddim oeri dim ar y cyfeillgarwch. Fe glywais Jac yn deud droeon na fedrai neb ar wyneb daear ynganu enw'i dad fel 'Wili Bodwyddog', gyda chynhesrwydd

16. Trawodd f'ewyrth, unwaith, ar Wil Sam – y dramodydd ac arbenigwr ar hanes hen feiciau modur – a dweud wrtho fod ym Modwyddog, yn hongian o'r trawstiau yn un o'r sguboriau, sgerbwd hen foto-beic Douglas, os nad mwy nag un, ac y byddai croeso iddo arnyn nhw dim ond eu cyrchu. Cymaint oedd y wefr i W.S. nes bron ei gadw rhag cysgu. Ond ow, yn ddiweddarach daeth neges iddo o Fodwyddog fod 'yr hogyn gwas 'cw', chwedl Wili, wedi rhoi'r fframiau i ryw sipsiwn a oedd yn begera am sgrap. Yn y darlun gwelir y Douglas, un o'r un cyfnod, a anfarwolwyd gan T. H. Parry-Williams yn ei ysgrif enwog, 'KC 16'.

ac anwyldeb mawr, a'r mymryn atal deud yn cyfleu'r balchder o'i weld ar bob achlysur: 'Waso, J-Jerry!'.

Un peth a oedd yn gyffredin rhwng y ddau oedd eu synnwyr digrifwch yn ogystal â'r direidi hwnnw a oedd yn mynnu brigo i'r wyneb. Un dydd gŵyl, fe benderfynodd Jac a'i dad seiclo bob cam i Fodwyddog. Wedi cyrraedd adwy Bodwyddog, dyma Jerry'n awgrymu i'w fab i beidio â disgyn ond reidio at y drws, ac os oedd y drws hwnnw'n agored, amgylchynu'r gegin ar eu beics. Mae'n well imi egluro bod ym Modwyddog gegin eang iawn ac yn yr hen amser bwrdd ar ei chanol. Wrth y bwrdd hwn y byddai f'ewyrth yn cael ei brydau bwyd, ac ar ei ben ei hun yn aml am

17. Jerry ar ymweliad â Bodwyddog wedi iddo adael y fro a symud i Eifionydd; crefftwr i flaenau'i fysedd a gŵr gwirioneddol ddiwylliedig. Bu farw yn 1959 ac mae'i fedd ym mynwent Llanystumdwy.

iddo oedi wrth ryw orchwyl neu'i gilydd neu fod yn hir glebran gydag un o'i gymdogion. Yr awr ginio honno roedd y drws yn agored, Wili wrth y bwrdd a'i ben yn y cafn, a dyma rowndio'r gegin ar eu beics. O fod yn canolbwyntio ar ei fwyd, ddaru f'ewyrth ddim sylwi bod dim o'i le nes bod y ddau farchog ar eu ffordd allan. Yna, fe gododd ei ben a gweiddi'n llawen ryfeddol, 'Waso, J-Jerry!'. Rhoi gorau i bob gwaith wedyn am weddill y dydd a Jerry a Wili'n ail-gerdded hen gaeau ac yn chwedleua hyd berfeddion. Byddai'n rhy hwyr i ddychwelyd i Eifionydd y noson honno.

A syndod pob syndod, pan gosbwyd Jac adeg yr Ail Ryfel Byd am fod yn wrthwynebydd cydwybodol, Jack Pollecoff, o bawb, oedd y plisman a'i danfonodd i'r carchar. Fel y nododd, yn ei ail gyfrol, *Maes Mihangel*, cyn cyrraedd dorau'r carchar fe'i harweiniwyd gan Pollecoff i dŷ bwyta a phrynodd iddo 'bryd o fwyd teilwng i bendefig': 'Bwyta'n iawn rŵan, frawd. Chewch chi ddim bwyd yn hir iawn eto'. Byddai, mi fyddai 'nhad, a Wili'i frawd, yn falch iawn o ddeall am y tosturi hwnnw. Lle caredig i ddyn ac anifail oedd Bodwyddog. A phwy a ŵyr, na fu i'r Iddew ddal deuparth o'r ysbryd hwnnw wrth rwbio ysgwyddau hefo'r teulu.

O gyfeirio fel hyn at rai o branciau f'ewyrth a'i gellweirio cyson hawdd fyddai tybio mai 'dyn heb wastadrwydd amcan' oedd o. Y gwrthwyneb oedd y gwir. O dan y dyn ar yr wyneb roedd yna gryn ddyfnder daear a gwreiddiau wedi'u hangori'n dynn. Fy nhybiaeth i ydi mai'r capel ym Mhenycaerau, a'r hyn a ddigwyddai yno unwaith, a chysylltiad y teulu â'r achos hwnnw dros bum cenhedlaeth, a roddodd iddo'r gwerthoedd y ceisiai'u harddel. Bu ei hynafiaid ynglŷn â'r achos o ddyddiau codi'r capel cyntaf.

Un pnawn, yn niwedd y chwedegau neu ddechrau'r saithdegau, fe gyrhaeddodd William Parry i'r Cyfarfod Misol – yn ddyn diarth i le felly – i wneud apêl am gadw drysau hen gapel Penycaerau'n agored er mwyn y ddau neu dri. Roedd hi erbyn hyn yn ddyddiau anodd ar rai o eglwysi Llŷn. Yn ogystal, roedd hi'n ddyddiau'r Beeching hwnnw a'r polisi o gau gorsafoedd bach yn ffafr gwarchod rhai mwy. Penderfynodd yr awdurdodau y byddai rhaid cau ambell gapel yn ogystal, ac roedd capel Penycaerau i wynebu'r fwyell. Y pnawn hwnnw fe fwynhawyd ei apêl yn fawr iawn, llawn cymaint â'r te a'r bara brith a oedd i ddilyn. Ond dyn allan

18. Y blaenoriaid, a'r gweinidog o bosibl, tu allan i gapel Penycaerau tua dyddiau'r Rhyfel Byd Cyntaf a 'nhaid yn eistedd ar y dde gyda rholyn o bapur, swyddogol yr olwg, yn ei law dde. Bu'r teulu ynglŷn â'r achos o ddyddiau codi'r capel cyntaf yno yn 1774. Tua diwedd y chwe degau daeth yr achos i ben ym Mhenycaerau a throwyd yr adeiladau'n gartrefi i bobl leol

19. Bodwyddog Fawr, ffarm braf yn perthyn i ystâd Nanhoron, ym mhlwy Llanfaelrhys, rhwng Porth Ysgo a Mynydd y Rhiw. Jean, fy nghyfnither, yn cael cip ar yr hen le a fu'n gartref iddi, ac i'r teulu, am dair cenhedlaeth.

o'i ddŵr oedd f'ewyrth mewn awyrgylch gyfreithiol o'r fath a methu ag atal y fwyell fu'r hanes. Wedi cau capel Penycaerau, a'i droi'n dŷ annedd, rhyw ddilyn crefydd yn fwy achlysurol fu hi o hynny ymlaen.

Ond i droi'n ôl at y cwmwl a'i blinai yn nechrau'r chwedegau. Bryd hynny, roedd mynd i Fodwyddog Fawr yn fwy fel mynd i dŷ galar nag i dŷ gwledd serch bod y byrddau'n llawn danteithion ac wedi'u hulio mor hael ag erioed. Ond doedd y diddanwr ddim yn ei bethau; pob sgwrs yn un bengoll, y cetyn yn weddw oer, y car heb ei danio am fisoedd bwy'i gilydd, dim awydd gêm o gardiau na mynd gam oddi wrth wres yr 'Aga'. Erbyn meddwl, serch pob diddanwch hwyrach mai brwydr fu bywyd i Wili gydol y daith; brwydr rhwng y ddwy natur a oedd yn trigo yn yr un person. Yna, wedi blynyddoedd meithion o fod o dan gwmwl, fe gododd y cwmwl hwnnw mor ddisymwth ag y disgynnodd o.

'Genod', meddai Wili ryw fore, 'gin i awydd picio i'r dre. I brynu siwt.'

'Be?' a'r ddwy chwaer ofn holi'n ddyfnach rhag ofn chwalu gobaith newydd-anedig.

'Ma' 'gin i flys picio i Bwllheli, pnawn 'ma.' (A doedd Pwllheli ddim wedi'i weld o ers saith mlynedd.) 'Ann, lle ma' fy sgidiau i? Sydna, sgin ti ryw syniad lle ma' goriada'r car?'

A fu erioed y fath brysurdeb, rhag ofn i'r haul hwnnw fod yn llwynog a mynd o'r golwg drachefn. A'r pnawn hwnnw fe ddaeth y dillad galifantio allan o'r wardrob, fe irwyd y sgidiau a'u sgleinio hyd at fod yn wenfflam ac fe daniodd y Ffordyn, yr FUM 843 heb odid besychiad – serch ei hir segurdod. Do, fe ddaeth yr un sioncrwydd yn ôl i'w wisg, yr un ysfa grwydro yn ôl i'w draed, yr un cariad at fywyd i'w galon ac fe adferwyd iddo'r blas hwnnw ar fyw. O hynny ymlaen, fel yr Eifftiaid yn nyddiau Pharo, fe gafodd Wili 'saith mlynedd o lawnder'.

Wedi ymddeol, symudodd gyda'i ddwy chwaer i Lys Gwilym, lai na milltir i ffwrdd, lle'r oedd Jean a'i gŵr, Derwyn, newydd sefydlu cartref. Bu farw yn saith deg chwech oed yn un naw saith tri. Fe'i claddwyd yn ei filltir sgwâr, ym mynwent eglwys Llanfaelrhys, a'i chwiorydd yn ei ddilyn yno,

20. Hyd y gwn i, y llun olaf o Wili cyn iddo adael Bodwyddog Fawr gyda Mynydd y Rhiw a Chlip y Gylfinir yn y cefndir.

yn ddiweddarach. Dw i'n cofio'n dda mai R. S. Thomas, y bardd rhyngwladol, a weinyddai ddydd ei angladd. Ond, serch safiad y gŵr hwnnw dros yr iaith, dwn i ddim faint o gytgord a fyddai rhyngddo a gwladwr o'r un brethyn â f'ewyrth Wili ac un a siaradai'r Gymraeg gyda'r fath lifeiriant naturiol. Ar ei garreg fedd mae cwpled o waith Roger Jones, un a fu'n gweini ym Modwyddog unwaith ac a fu'n weinidog gyda'r Bedyddwyr wedi hynny:

> Rhodiodd gyda'i Waredwr,
> Llawen sant a'i sail yn siŵr.

Oedd, roedd f'ewyrth at ei gilydd yn ŵr llawen a chyda'r clenia'n bod. Dwn i ddim be ddeudai o, chwaith, petai o'n gwybod fod ei enw i fod ar dudalennau llyfr. 'Waso, paid wir! Wel, be s'ant ti'r llymbar? Waso, paid'. Oherwydd roedd iddo'i swildod yn ogystal. Eto, hwyrach mai llonni wnâi o, fel 'Phebi'r Ddôl' y canodd Waldo amdani, ac ymfalchïo deud wrth hwn ac arall, 'Waso, dydi hogyn Griffith 'mrawd 'di bod yn brywela amdana i. Mewn llyfr! Ydi tawn i'n llwgu.' A gobeithio mai felly y byddai hi.

2. BARDD YR AWEN BRUDD

Yn ddiweddar, mi fûm i'n curo ar ddrws na fûm wrth ei drothwy ers hanner can mlynedd, neu well. Mynd yno wnes i yng nghwmni Dei Tomos i recordio briwsionyn o sgwrs ar gyfer ei raglen nos Sul. Mynd â fo i rywle a oedd wedi gadael ei farc arna i, dyna oedd y disgwyl. Ond wedi inni gyrraedd, roedd y drws ar glo a'r tŷ hwnnw, bellach, yn hafod i ymwelwyr. A dyna'r fflodiard yn agor a ffynnon o atgofion yn dechrau goferu drosodd.

Dach chi'n gweld, roedd modryb Mary, Tyddyntalgoch Uchaf, chwaer 'mam, yn fardd. Mewn cymhariaeth, yr unig waith llenyddol a adawodd mam ar ei hôl oedd ambell i list neges, a honno, yn anffodus, wedi'i hysgrifennu yn Saesneg:'*sugar, tea, self raising, sultanas, margarine*' ac angenrheidiau tebyg eraill. (Serch iddi gael ei magu ynghanol unieithrwydd

21. Llun prin o Mary'n ifanc. Wedi'i dynnu, debygwn i, tua throad y ganrif a hithau'n codi'n 21oed.

Pen Llŷn, ar wahân i'r ysgol Sul addysg uniaith Saesneg gafodd hi.) Doedd ei dwy chwaer arall, na'i dau frawd chwaith, ddim na beirdd na llenorion – wel, hyd y gwn i beth bynnag. Dyna pam, mae'n debyg, roedd gan mam a'i brodyr a'i chwiorydd gymaint edmygedd o'u chwaer hynaf, Mary. Ohonyn nhw i gyd, hi oedd yr unig un i roi hen deulu Cae Du ar fymryn o fap.

Pan oeddwn i'n blentyn anaml ryfeddol, os byth yn wir, yr ymddangosai enw neb arall o'r teulu mewn papur newydd. Chlywais i ddim am yr un ohonyn nhw hyd yn oed yn cael ei ddal yn reidio beic heb olau a'i enw, o ganlyniad, yn y papur wythnosol. Ond fe ymddangosai enw 'Mary Griffith, Tyddyntalgoch' yn y wasg Gymraeg gyda chysondeb mawr: *Yr Udgorn, Y Genedl, Yr Herald Cymraeg* a'r *Cymro,* ac mewn cyhoeddiadau enwadol megis *Y Tyst, Y Dysgedydd, Dysgedydd y Plant* ac, ar dro, *Cymru'r Plant*. Eto, yr un manteision addysg (anfanteision addysg cyn belled ag roedd y Gymraeg yn y cwestiwn) a gafodd hithau. Ond fe flodeuodd hi i fod yn fardd, ei henw mewn print ac ambell bill o'i heiddo ar gof gwlad.

22. Tyddyn bychan, prin ei aceri, 'ar lechwedd eithriadol o wyntog', ond gyda golygfa syfrdanol o hardd o'i ddrws a thrwy'i ffenestri. Pan elwais heibio, roedd y tŷ, adeiladau perthynol a 0.5 acer o dir ar werth am y swm syfrdanol o £895,000.

Tyddyn bychan oedd Tyddyntalgoch Uchaf ar fymryn o lechwedd, eithriadol o wyntog, uwchben y môr yn ardal Bwlchtocyn. Yn wir, roedd y gwynt yn gyrru'i orau pan alwom ni yno'n ddiweddar.

'Ac yn fa'ma roedd eich modryb yn byw felly?'

'Ia.'

'Dydi o'n lle gwyntog?'

'Gwyntog sobor!' cyn inni'n dau gael ein sgubo dros y buarth i gysgod y sied wair i recordio'r tamaid sgwrs. Yn blentyn, wnes i erioed sylweddoli mor agored i wynt oedd y lle.

Fe symudodd modryb Mary i Dyddyntalgoch yn fuan wedi'i phriodas; hi'n ferch Cae Du, ffarm ar gyrion Abersoch, ac yntau Henry Griffith, yn fab ffarm Llawrdref yn y plwy agosaf. Mae llun y briodas honno, sy'n dal ar gael, yn awgrymu'i bod hi'n ddydd o alar cyffredinol. Serch y rig-owt smart does yna ddim cysgod gwên ar wyneb neb. Yr unig un sy â chysgod gwên, hyd y gwela i, ydi'r ci druan, a orfodwyd i ymuno yn yr hwyl – os hwyl hefyd – ac eistedd gerfydd ei goler rhwng dau ben-glin un o'r gwahoddedigion. Mae'r pedwar plentyn fel pe mewn stad o sioc ac mae golwg tra bygythiol ar y priodfab ei hun. Wedi'r cwbl, roedd o wedi pasio'i hanner cant, ugain mlynedd yn hŷn na'r briodferch a dim ond cwta bum

23. Yn nechrau haf 1914 y bu'r briodas. Tynnwyd y llun ar fuarth Cae-du, yng nghysgod yr hoewal, ar ddiwrnod digon 'cymylog' i bob golwg.

24. Llun nês o'r ddau, wedi'i dynnu'r un diwrnod debygwn i. Yn wahanol i gonfensiwn, y briodferch sydd ar ei thraed a'r priodfab ar ei eistedd. Ond dyna fo, roedd o'n ganol oed a thrawma'r amgylchiad, o bosibl, wedi dwyn blinder arno.

mlynedd yn fengach na'i dad yng nghyfraith. Ond fe aeth y briodferch, chwarae teg iddi, cyn belled â thynnu'i menig cid a rhoi'i llaw chwith dros y dde er mwyn dal aur y fodrwy newydd i lygad y camera. Wrth gwrs, doedd haf un naw un pedwar ddim yn dymor heulog i neb ym Mhrydain; y swffragetiaid yn peryglu'r drefn gyfansoddiadol ac arwyddion y rhyfel byd ar y gorwel. Yr hyn sydd yn fwy tebygol, wrth gwrs, ydi i bawb gael siars i beidio â gwenu ac edrych yn syber, yn unol â chonfensiwn y cyfnod, ac i bawb wrando ar y rhybudd hwnnw – ond y ci.

Byw o'r llaw i'r genau a fu hi wedyn, mae'n debyg, ar ddyddyn prin ei aceri. Ond yn nyddiau tywyll y rhyfel, a'r tad yn tynnu ymlaen mewn dyddiau, fe ddaeth merch fach i sirioli'r aelwyd. Beth bynnag y gwir am yr awyrgylch ddydd y briodas, mae'n ymddangos i'r berthynas rhwng y ddau fod yn un agos a chynnes. A phan fu Henry Griffith farw, ugain mlynedd yn ddiweddarach, mae modryb Mary, mewn cerdd a ymddangosodd yn *Yr Udgorn*, yn mynegi'i chŵyn o'i golli:

> Draw o Marah daw eleni
>   I chwi sain fy awen i,
> Dan y ddyrnod, colli mhriod,
>   Dyna pam mae 'nagrau'n lli.
> Do i'r bedd cyn hyn hebryngais
>   Hoff rai annwyl dyna'r ffaith,
> Ond yn olaf fis y flwyddyn,
> Gwelais yno ddodi rhywun,
>   'Roes i'm archoll edy'i chraith.

Bob Calan, wedi prysurdeb y pluo a dathlu mymryn ar y Nadolig, mi fyddwn i'n cael fy nanfon i Dyddyntalgoch am wythnos o wyliau at fy modryb Mary a'i merch, Ann Jane – ac mi fyddai hi, ar y pryd, yn tynnu at ei deg ar hugain. A thros y Nadolig a'r Calan, dyna'r pryd y byddai'r bardd ar ei brysuraf. Modryb Mary oedd y bardd cyntaf erioed imi'i weld wrth ei waith: swperu'r gwartheg yn gynnar, llithio'r lloeau, rhoi bwyd i'r moch,

25. Dyma nhw yn eu du trwm unwaith eto, yn unol â ffasiwn y cyfnod, ond y ferch fach a ddaeth i sirioli'r aelwyd' mewn ffrog wen, ffriliog ac yn grand o'i cho.

26. Henry Griffith ym mhen y ceffyl a modryb Mary yn y car crwn, yn swanc ryfeddol. Yn ôl ei ferch, flynyddoedd yn ddiweddarach, ei thad a adeiladodd y car; yn rhagorach saer, meddai hi, na ffarmwr. Pwy ydi'r plentyn, does neb a ŵyr. Gan i Henry Griffith farw yn 1936 mae'r llun, felly, wedi'i dynnu cyn hynny. Syndod pob syndod, mewn car crwn digon tebyg i hwn yr es i i Ddyddyntalgoch y tro cyntaf i mi gofio.

cau ar yr ieir cyn pryd, cynnau tân yn y parlwr bach, goleuo'r lamp baraffîn a mynd at ei chrefft. Yn union fel byddai rhai o wragedd eraill y fro, wedi diwrnod o waith caled, yn mynd ati i weu neu smwddio, i frodio hosan neu ostwng hem.

Ro'n i wedi gweld un bardd arall, o bell. Wrth gerdded adref o ysgol Mynytho un pnawn dyma sylwi ar ddyn diarth yn brasgamu heibio i odreon y Foel Gron ac i'r niwl, a rhywun yn deud wrtha i, 'Dyna iti Waldo. Ma' hwnna'n fardd'. Bellach, mi wn i am gwpled enwog Browning, 'Ah, did you once see Shelley plain / And did he stop and speak to you?' Ond prysuro ymlaen ddaru Waldo'r pnawn hwnnw; prysuro, mae'n debyg, am Ysgol Ramadeg Botwnnog lle'r oedd o'n athro ar y pryd. Ond gweld yn y cnawd oedd y gweld hwnnw, gweld o bell; nid gweld bardd yn ei weithdy – faint bynnag y gwahaniaeth crefft a oedd rhwng y ddau fardd a'r ddau fath o farddoni.

Mi fedra'i gweld hi rŵan yn ei phlyg uwchben bwrdd y parlwr, yn llewych y lamp baraffîn ac yng ngwres y tân glo, yn cwblhau a chaboli'i cherdd flynyddol am bawb o blwyfolion Llanengan a fu farw yn ystod yr hen flwyddyn. Bu wrth y gwaith hwnnw am yn agos i ddeugain mlynedd.

Roedd y gerdd honno i ymddangos yn fuan wedyn ar dudalennau'r *Udgorn* neu'r *Herald Cymraeg* ac mi fyddai yna ddisgwyl mawr amdani gan gylch eang, a darllen mawr arni wedi iddi gyrraedd.

> Tremio'n ôl ar ddiwedd blwyddyn,
> Hen arferiad, dyna'r ffaith,
> Chwilio'r rheiny i'm eu cwmni,
> Fu mor ddifyr ar y daith;
> Dolly Williams, hi yn gyntaf,
> Sy'n blaenori'r dyrfa gu,
> Mwyn gymdoges,
> Galon gynnes,
> Aeth o'r aelwyd yn Hen Dŷ.

Ac ymlaen â hi am chwe phennill dwys arall i gofio pawb o blwy Llanengan a fu farw yn ystod un naw tri un.

Dwn i ddim pa mor gydnaws oedd yr awyrgylch yn y gweithdy iddi chwaith. Mi rydw i'n cofio y byddai Ann Jane, o swnian dipyn arni, yn

27. O'r chwith i'r dde, yn sefyll o flaen y drws ffrynt: Henry (yn dal yn ddi-wên, braidd) Ann Jane yn blentyn, modryb Mary a mam, ei chwaer ieuengaf – yno am bnawn hwyrach neu ar fymryn o wyliau.

28. Serch mai cyfnither oedd hi i mi, yn ifanc fe'i hystyriwn yn fath o hanner mam. O du allan i gylch fy rhieni, hi a wnâi'r gwastrodi angenrheidiol ond bu hefyd yn eithriadol gefnogol ac yn gyson garedig. Yn blentyn, ymddangosai ambell gerdd fach o'i heiddo hithau yn y wasg ond diffodd a wnaeth yr awen. Hwyrach mai ei mam oedd yn ei chymell ac yn tacluso peth ar y gwaith cyn iddo ymddangos.

ddigon grasol i ddisgyn mor isel â chwarae liwdo hefo mi neu gêm o snap. Ond ar y pared gyferbyn â'r bardd – a hwyrach bod gweld hwnnw'n ysbrydoliaeth iddi – roedd llun lliwgar, ond brawychus, o'r 'Ffordd Gul a'r Ffordd Lydan'. Math o raddoli'r ddynoliaeth oedd amcan y llun a'r gerdd fel ei gilydd. Yn y llun, roedd y rhai a ddewisodd y llwybr cul yn prancio'u ffordd yn braf i gyfeiriad paradwys a'r rhai a ddewisodd y llwybr arall, er ei led, ar eu ffordd i'r 'tân mawr'.

Ond wrth ochr y tân glo ro'n i'n teimlo'n ddiogel. Hi oedd yn cael y strygl. Ar dro, roedd enwau a chyfeiriadau'r rhai a fu farw'n bethau anodd sobr i'w cywasgu i saith neu wyth sill ac ambell enw person neu le yn gwneud hafog o'r mydr. Ond rhaid oedd cynnwys pob plwyfolyn a fu farw yn ystod yr hen flwyddyn. Er enghraifft, gair anodd ei gael i orwedd yn daclus oedd 'Winterbotham' – a'r 'h', gyda llaw, yn llythyren fud. Teulu o Saeson oedd y Winterbothamiaid a ddaeth i Abersoch yn nyddiau cynnar y mewnlif. Yn ôl y sôn bu mab iddyn nhw, Harold, yn genhadwr yn rhywle neu'i gilydd ond clafychodd yn ifanc a dychwelyd i'r Abar i farw. Ond o orfodaeth, llinell foel ryfeddol ydi unig gyfeiriad Mary Griffith ato: 'Harold Winterbotham hefyd'. A doedd enwau cartrefi, chwaith, y taclau, ddim yn hawdd i'w hodli bob tro: Trwyn yr Eryr, Bwlch *Cottage*. Ond dyna fo, be gewch chi i odli hefo *Cottage* ond 'cabej', neu 'pasej', neu 'sosej'?

29. 'Ffordd Gul a Ffordd Lydan'.

Fel y gwelsoch chi'n barod, bardd yr awen brudd oedd Mary Griffith wrth ei chrefft a chymerai'i swyddogaeth o ddifri. Dyna'r traddodiad y magwyd hi ynddo a'r traddodiad hwnnw, mewn un ystyr, yn ymestyn yn ôl cyn belled â'r chweched ganrif a *Chanu Aneirin*. Fel yn y 'Gododdin', canu wnaeth hi am bobl a syrthiodd yn y frwydr. A phobl gyffredin oedd yr arwyr yn ei chanu hithau:

>   Jane Ann Williams gwraig y Berwyn
>   Da 'rwy'n cofio'i bara gwyn . . .

Pobi bara gwyn, mae'n ddiamau, ddaeth ag enwogrwydd i 'wraig y Berwyn'. A pham lai? O'i gymharu â'r bara haidd, bras, surach ei flas, roedd

30. 'Roedd ei thad yn fardd'. A hithau'n canu ar yr un mesur, roedd hi'n naturiol imi dybio mai oddi wrth ei thad, Gwilym Ynysfor, y cafodd hi'i dawn. Ond mewn un gerdd, 'Ar Hynt Trwy'm Bro', mae'n awgrymu'n wahanol:

> I lawr y Glyn roedd Melin Soch
>   A'i holwyn wedi sefyll,
> Roedd hon yn hardd pan geid y bardd
>   O'i chylch yn llunio'i bennill;
> Ac yn ei gyfnod meddent hwy
>   Ni chaed awenydd purach;
>   Ond dyna'r pam
>   O ochr mam
>   Caf finnau ddod i'w llinach.

A theulu'i thaid o ochr ei mam, nid o ochr ei thad, oedd pobl Melin Soch. Pwy yn union oedd bardd yr olwyn ddŵr sy'n gwestiwn arall.

tafell o dorth wen wedi'i thorri'n denau yn siŵr o fod yn wledd. Pobi bara gwyn, dyna oedd hynodrwydd Jane Ann Williams a dyna a fyddai atgof yr ardal amdani.

Wrth gwrs, un o'r beirdd gwlad oedd hi yn ystyr arferol y gair a dim mwy na hynny; yn canu am ei chynefin ond nid yn canu i'w chynefin yn unig chwaith. O gofio'r cip a oedd ar yr *Herald* neu'r *Genedl* ar y pryd roedd cylch ei darllenwyr yn filoedd lawer. Dilyn traddodiad wnaeth hi. Roedd ei thad yn fardd. Synnwn i flewyn nad oedd William Williams yn rhagorach bardd na'i ferch. Gallai nyddu ambell englyn ac roedd ganddo enw barddol – Gwilym Ynysfor. Ond bardd yr awen brudd oedd yntau, yn canu'n bennaf am ei gynefin, yn cyhoeddi'i waith mewn papurau newydd a chylchgronau a'r pennill naw llinell yn hoff fesur iddo. At ei gilydd, dyrïau crefyddol oedd cerddi'r ddau, yn osio at fod yn ddifyr ambell dro ond byth yn llithro i fod yn ganu pen rhaw. Fel yr awgrymwyd, i'r bardd gwlad roedd trasiedïau yn gweiddi am gael eu cofnodi, yn arbennig rhai lleol.

Ar dywydd cario gwair yn niwedd Mehefin un naw un un bu damwain enbyd iawn ym mhlwy Llanengan ac yn ferch ifanc cyfansoddodd Mary alargan i gofnodi'r digwyddiad hwnnw. Ar ei rhan ei hun, neu ar gais y teulu hwyrach, trefnwyd i argraffu copïau ohoni a'u rhannu Yn unol ag arfer y cyfnod, gosodwyd manylion am yr hyn a ddigwyddodd uwchben y faled:

ER COF ANWYL

AM

MORRIS WILLIAMS,

MORFA NEIGWL, LLANENGAN,

(y llanc anffodus gyfarfyddodd a'i ddiwedd drwy syrthio ar y bigfforch tra yn cario gwair)

MEHEFIN 15FED, 1911,

YN 19 MLWYDD OED,

Ac a gladdwyd yn Mynwent y Bwlch, Llanengan, Mehefin 20fed.

Trist yw trydar marwgoffa
  Llanc ar drothwy bywyd gwyn,
Cyfnod euraidd ei obeithion
  Yn ymgolli'n niwl y glyn :
Myn'd yn loes y chwerw ddamwain
  Cyn cael sibrwd—ffarwel mam,
Chwaith gael egwyl i fyfyrio
Ar yr afon cyn ei rhydio,
  Draw i angau'n rhoddi llam.

Crinodd fel y blagur iraidd
  Cyn troi'n flodau ar y pren,
Cilio wnaeth ei heulwen yma,
  Cododd draw mewn gloewach nen ;
Er ei gynnar farw sydyn
  Rhoes y tawel fywyd glan ;
Dreuliodd yma ar ei ora,
Mewn lledneisrwydd a gwyliedd-dra,
  Hawlfraint iddo yn ngwlad y gân.

Morris Williams, chwith dy golli,
  Fel pob un wnai'r byd yn well,
Ond er hyny fyth i'th deulu
  Agoshau mae'r ardal bell ;
Adgof ddaw a hiraeth iddynt
  Drwy'r persawredd hyfryd dardd,
O'r amryliw dlysion flodau,
Frithent heddyw ol dy gamrau ;
  Blinaist yn dy fuchedd hardd.

Tyfu'n wyrdd wna'r cof am danat
  Gan y llu cyfoedion gwiw,
Deimlant fod eu dyddian'n burach
  Wedi cael dy gwmni i fyw ;
Yn dy Eglwys cu dy gofio,
  Hon goleddai iti barch
Ddydd dy anglodd hi roes ini,
Brawf o'i serch a'i chariad iti,
  Yn y blodeu ar dy arch.

O dy fedd i fan dy ddamwain
  Dim ond ergyd careg sydd,
Sefyll rhyngddynt mae'th addoldy
  Fel yn gwylio'r fangre brudd ;
Lle trig hwyrddydd yn Mehefin
  Ddyddiau gwyn cynhaua'r llawr,
Y daeth cennad syn i'th gyrchu,
Fyny fry i gwmni'r Iesu,
  I fwynhau'r cynhauaf mawr.

Gwylied nef yn dyner, dyner,
  Dy alarus weddw fam,
Boed i'th frodyr a'th chwiorydd
  Mwy dy ddilyn lanc dinam ;
Y mae goleu'r dwyfol gwmwl
  Heb ddifoddi i chwi'n llwyr,
Datgan mae yn nhrofa'r anial,
Am y Duwdod dianwadal,
  Rydd oleuni yn yr hwyr.

Caedu, Abersoch.   MARY WILLIAMS.

Argraffwyd gan W. Llewelyn Ellis, Heol Fawr, Pwllheli.

---

31. Ei cherdd goffa i Morris Williams a hithau ar y pryd tua 30 oed.

Serch mai'r awen ddwys oedd ei maes arferol, unwaith, ar awr lawen yn hanes y teulu (ac un annisgwyl hwyrach) fe fentrodd hi ar gywair gwahanol. Ond yn hanner ymddiheuro, yr un pryd, am y newid awyrgylch:

> 'Rwy'n canu cerdd priodas –
> Peth newydd iawn i mi -
> 'Roedd canu'n lleddf fel petai'n reddf
> Erioed i'm hawen i . . .
> Wel, Nell, fy chwaer ieuengaf,
> Yr olaf un o'r plant,
> Yn llon ei bryd,
> Wrth newid byd,
> Rhoes imi'r newydd dant.

32. Fe'u priodwyd ar y 'trydydd ar ddeg' (dim ofergoeliaeth, sylwer) o Fai, 1934, ym Mhenlan, hen gapel yr Annibynwyr ym Mhwllheli. Ymddangosodd y gerdd mewn rhifyn o'r *Herald Cymraeg* gyda'r nodyn canlynol: 'Fel y canlyn y canodd Mrs Mary Griffith, Tyddyn Talgoch, i Mr Gruffydd Jones Parry, Bodwyddog, y Rhiw, a Miss Nell Williams, Ynysfor, Abersoch, ar eu priodas.' Mae'r gerdd yn awgrymu mai 'nhad gymrodd y cam cyntaf:

> Rhyw ddydd mae Griff yn blino
> Ar rwyfo'i gwch ei hun,
> Ar funud hon
> Mae'n dweud yn llon
> Fod dau yn well nag un

A chyd-rwyfo fu hi wedyn drwy storm a hindda. Bu'r ddau'n briod am chwarter canrif. Bu mam farw yn Ebrill 1975 yn 82 oed.

Roedd y 'Nel' honno wedi dal her am hir flynyddoedd – nes dod i olwg y deugain oed a deud y gwir – yn gwarchod ei thad ac yn 'cadw fisitors' ym mhentref Abersoch. Ond un hwyrnos daeth Griffith Bodwyddog heibio, ar y 'Douglas' hwnnw, a mynd â'i bryd. Fe ildiodd hithau, gan bwyll. A syndod pob syndod, ar ddechrau eu taith briodasol dyna enwau 'nhad a 'mam, o bawb, yn ymddangos yn nhudalennau'r *Herald Cymraeg* a rhai miloedd yn dod i wybod am yr uniad. Serch i'r ddau fyw bywyd digon llawn o hynny ymlaen, a bod yn ddigon gweithgar yn eu cynefin, hyd y gwn i fu dim cyfeirio atyn nhw wedyn mewn unrhyw bapur newydd hyd nes nodi'u marwolaethau – 'nhad ymhell cyn pryd.

Ond os mai bardd yr awen brudd oedd hi o ran ei chrefft, doedd hi ddim yn un bruddglwyfus o ran ei natur. I'r gwrthwyneb wir. Yn un peth, roedd ganddi ddiddordeb byw mewn plant. Mi fyddech yn tybio y byddai cadw cow ar hogyn gorfywiog ar wyliau gorfodol, a hwnnw heb ddigon ar ei ddwylo, yn dreth ar amynedd bardd. Ond i'r gwrthwyneb. Pan fyddwn i'n aros yn Nhyddyntalgoch ei merch, Ann Jane, a wnâi'r gwastrodi angenrheidiol a'i mam yn dangos trugaredd.

Mae gen i gof am un bore barugog o Ionawr, y bardd yn ei weithdy, Ann Jane yn tendio ar y moch a minnau heb ddim i'w wneud. Yn unol â gwerthoedd oes Victoria, roedd mam wedi fy sicrhau i sawl tro bod y diafol yn siŵr bownd o ffeindio gwaith i ddwylo segur. Fe gadwodd ei air. A'r bore oer hwnnw o Ionawr fe gafodd hwyl arni. Ar ei awgrym, fe gymerais at redeg yr ieir. Wedi'u magu ar fuarth heb blant rhaid bod erledigaeth o'r fath yn gryn ddychryn iddyn nhw. Toc, dyma dair *Rhode Island*, serch eu tewdra, yn codi ar eu hadenydd fel gwenoliaid, yn glanio yn y seston ddŵr ac, fel mae'n ofidus imi heddiw, yn boddi. Mae rhaid bod colli tair iâr allan o haid o lai na dau ddwsin, a wyau'n gymaint rhan o'r fwydlen, yn golled fawr i'r ddwy. Dw i'n siŵr mai teimlad Ann Jane, ar y foment, oedd dangos ceg y lôn bost imi yn y fan a'r lle ond roedd modryb Mary yn gweld mwy o fai o lawer ar yr ieir!

Go brin i golli'r ieir fod yn destun galargan iddi ond, yn ei dydd, fe ganodd hi gryn dipyn am blant – eu campau nhw a'u troeon trwstan. O ran eu hawyrgylch mae'r cerddi hynny'n dra gwahanol; penillion sionc, llawn direidi ond eto'n mynnu nodi enwau a chyfeiriadau. Pan ddarllenodd hi mewn rhifyn o'r *Brython* fod hogyn â'i wreiddiau ym mhlwy Llanengan wedi ennill ar adrodd yn steddfod Douglas Road, Lerpwl, roedd rhaid nodi hynny ar gân a'i chyhoeddi:

33. 'Rhedwr yr ieir' ond i bwrpas y tynnu llun yn edrych fel na fyddai menyn yn toddi yn ei geg. A dyma Guy Hughes, Pwllheli, yn tynnu llun cenhedlaeth arall o'r un teulu.

> Hawddamor i John Arfon,
>   Y llanc bach chwim ei droed,
> Wel dyma gawr wnaeth orchest fawr
>   Yn ddim ond pedair oed;
> 'Roedd Nain Ael Bryn yn llawen
>   Pan ddaeth y *news* i law,
> Am lwydd ei hŵyr, John Arfon,
> Am adrodd megis gwron
>   Fel hyn a churo naw.

Doedd hi ddim i wybod y byddai'r 'llanc' hwnnw, John Arfon Huws, yn dychwelyd yn fuan at ei wreiddiau ac yn tyfu i fod yn fardd yn ei hawl ei hun.

Ar bnawn Gwener y Groglith un naw pedwar saith y bu'r ddamwain. Y noson honno roedd cyngerdd yng nghapel yr Annibynwyr yn Abersoch, a hwnnw wedi'i drefnu yn enw'r eglwys, ac Ann Jane a'i mam mae'n ddiamau yn awyddus iawn i gefnogi'r noson. Roedd cefnogi'r diwylliannol, ac yn arbennig y crefyddol, yn ffordd o fyw i'r ddwy. Onid un o blant 'Capal Rabar' oedd Mary Griffith ac, o'r herwydd, byddai'n fwy awyddus fyth, dybiwn i, i gefnogi'r noson. Cyn cerdded dwy neu dair milltir i lawr i'r Abar roedd rhaid swperu'r ddwy fuwch, llithio'r lloeau, rhoi bwyd i'r moch a chau ar yr ieir – hynny a oedd wedi goroesi trawma'r erledigaeth. Wrth brysuro gyda'r gwaith hwnnw y syrthiodd modryb Mary ar y buarth llithrig a thorri'i chlun. Fe'i cipiwyd i'r ysbyty ym Mangor a bu farw ar y trydydd ar hugain o Fai.

'Cof ohoni yn y pedwardegau sydd gen i,' meddai Arfon Huws, adroddwr Douglas Road gynt, mewn e-bost imi. 'Dynes dalsyth yn gwisgo côt laes ddu a chyda het ddu am ei phen bob amser, yn gweddïo o'r frest yng nghapel Bwlchtocyn, llais cymharol ddwfn ac yn uchel ei pharch gan bawb.' Roedd hi'n cael parch yn y gegin yn ogystal, â'i merch Ann Jane, fel dw i'n cofio'n dda, ofn i'r gwynt chwythu arni.

Wedi'i marw hi, fe gadwodd Ann Jane ddrws Tyddyntalgoch yn agored am ddwy flynedd neu dair wedyn. Ond fe ddaeth newid aelwyd yn ei hanes hithau. Roedd Ivor Evans, y Nant, yn gydflaenor â 'nhad yn Smyrna,

34. Mair, merch Ifor ac Ann Jane, yn eistedd yn sedd ei nain, 'Bardd yr Awen Brudd', yng nghapel yr Annibynwyr ym Mwlchtocyn.

35. 'Y briodas gyntaf erioed i mi fod yn dyst iddi'. Roedd hyn yn Nhachwedd 1949, eto ym Mhenlan, Pwllheli. Y fi ar y chwith a 'Bryan Cottage' – perthynas o ochr y priodfab a ffrind mawr imi – ychydig i'r dde. Sylwer ar y gôt uchaf chwaethus gyda belt rownd ei chanol! Fe'i prynwyd yn unswydd, mae'n debyg, ag arian digon prin, i harddu'r achlysur. A sôn am droeon cyntaf, y tro cyntaf imi erioed fod mewn ward mamolaeth, yn hogyn coleg, oedd wedi geni'u hunig blentyn, Mair. Bu'n briodas ddedwydd hyd nes i'r 'gloch' alw'r ddau'r un flwyddyn, 1993.

Llangian; hen lanc a chyffro ieuenctid wedi'i adael, fel y tybiai pobl. Ar ein haelwyd ni, un noson, fe soniodd, wrth fynd heibio fel petai, iddo fod yn Nhyddyntalgoch Uchaf yng ngolwg torllwyth o foch hefo'r bwriad o brynu un neu ddau. Synnwn i ddim na fu iddo ychwanegu ei fod am alw yno eto i gael golwg pellach ar yr un torllwyth. Ddaru neb feddwl ddwywaith am y peth, nes sylweddoli fod Ivor yn mynd i olwg y moch cyn amled bron â'r sawl a oedd yn eu bwydo. Do, fe dalodd yr ymweliadau hynny ar eu canfed ac yn hogyn ysgol mi ge's innau fynd i'w priodas, y briodas gyntaf erioed i mi fod yn dyst iddi. Ac fel ei mam o'i blaen, mynd am ŵr hŷn na hi, ac wedi sadio, wnaeth hithau hefyd. O hynny ymlaen fe ddaeth Ann Jane i fyw i'r Nant, aeth y Nant yn fath o ailgartref imi ac aeth Tyddyntalgoch yn lle diarth.

Derbyn y trysor wnaeth Mary Griffith a'i loywi drwy'i ddefnyddio. Dim mwy na hynny. Wedi'i marw, fe'i disgrifiwyd gan bapurau newydd fel *Y Cymro* a'r *Herald Cymraeg* – a gefnogodd gymaint ar ei hymdrechion – fel 'bardd bro'. Roedd ei thad, a fy nhaid innau, yn fardd. 'Bardd bro' neu beidio fe sychodd y ffrwd farddol yn llwyr wedi'i marwolaeth hi. Teulu rhyddieithol iawn a fu'n teulu ni byth er hynny. Eto, fe allasai pethau fod wedi bod yn wahanol a'r traddodiad wedi medru parhau. Roedd nai iddi a chefnder i minnau, 'Wil Derlwyn', ar egino'n fardd pan gollodd ei fywyd yn un ar hugain oed yn ystod yr Ail Ryfel Byd. Prentis argraffydd oedd o wrth ei alwedigaeth, gyda chwmni Caradog Evans ym Mhwllheli, a cherddi cynnar o'i waith eisoes wedi ymddangos mewn print. Ond ar y chweched ar hugain o Ebrill mil naw pedwar deg un ar gyrion Athen, ac yntau'n filwr mewn tanc, fe'i chwythwyd yn ysgyrion a dyna'r ffrwd farddol wedi'i thagu am byth.

Eto, mae gen innau, yn rhyddieithol fel ag yr ydw i, fy nyled iddi. Pan gurwyd ar ddrws Tydyntalgoch Uchaf echdoe, yn naturiol ddigon ddaeth modryb Mary ddim i ateb y drws hwnnw. A phetai hi wedi dod i'r drws – yn wên i gyd fel y byddai hi gynt – mae'n amheus gen i a fyddwn wedi'i nabod hi. Aeth gormod o ddŵr o dan y bont i mi gofio adnabyddiaeth felly. Bellach, hen luniau melynddu a dynnwyd â chamera a ddaw â'i phryd a'i gwedd yn ôl i mi. Yr argraff a adawodd arna i sydd wedi gadael ei marc. Er nad ydw i'n fardd, na mab i fardd, eto wrth wylio bardd yr awen brudd yn ei weithdy fe sylwais innau, am y tro cyntaf erioed, ar yr hyblygrwydd hwnnw a berthyn i'r wyddor Gymraeg. Wrth weld modryb Mary wrthi ar

36. William Griffith Jones, 1920-41. Yn 1932, mewn rhifyn o'r *Herald Cymraeg*, ymddangosodd cerdd o waith ei daid a chyfeiriad ato yntau mewn llythyr:

Annwyl Carneddog, –
   Ar gais amryw, anfonaf hyn o gyn[h]yrchion i chwi, os y byddant yn dderbyniol. Gofynnwyd i mi gyfansoddi rhywbeth i helpu'r plant yn eu maes holi, sef "Hanes William Williams Pant y Celyn" yng Nghymanfa Llyn, sef cangen o Gymanfa'r Annibynwyr, Sir Gaernarfon, a gynhaliwyd yn Abersoch, Mai 27. Holwyd y plant gan Mr Isaac Jones, Madryn [Prifathro Coleg Amaethyddol Madryn ar y pryd], a darllenwyd hwy yn feistrolgar iawn gan fachgen 12 oed o'r enw W. G. Jones, Derlwyn, o Ysgol Abersoch.
   Yr eiddoch yn bur, gyda chofion cynnes atoch,
William Williams

Chwe phennill sydd i'r gerdd ar yr hen fesur teuluol o naw llinell. 'Diolch am y ganig drawiadol' oedd sylw Carneddog. Dwn i ddim a oedd y gair bachigol, 'canig', yn feirniadaeth ar y gwaith neu'n ymdeimlad o anwyldeb?

Galan yn sgwennu ac yn rhwbio allan, yn derbyn gair ac yna'n ei wrthod, yn stryglo hefo'i chreadigaethau, mi sylweddolais innau fod yr wyddor Gymraeg yn ddwyfol a'i bod hi mor ddihysbydd â bywyd ei hun. Hwyrach, wedi'r cwbl, mai ym mharlwr cyfyng Tyddyntalgoch y daliais innau'r hen glwy sgwennu 'ma'.

3. TEULU CROWRACH

Erbyn hyn, fedra i ddim cofio o ble ro'n i'n dŵad – o weithio shifft hwyr, o bosib, i gwmni bysys Crosville – ond mynd tuag adref oedd y nod. Yng ngolau egwan batri dyfrllyd yr ANA 109 hwnnw (a chyfeirio at yr hen gerbyd unwaith yn rhagor) mi welwn ŵr ifanc yn ymlwybro'i ffordd o glawdd i glawdd; bu rhaid stopio'r car, ac yna'i godi. Y nos Sadwrn honno roedd Dennis, hen gyfoed ysgol imi, wedi cael mwy na llond ei danc ac yn ddigon parod i gael ei gario. Er iddo slyrio'i hochr hi rhwng gwastad Pen-y-berth, lle cafodd ei godi, a Phen Mynytho dim ond dau drywydd o'r

37. 'Tylwyth mam' cyn y Rhyfel Byd Cyntaf. Yn y rhes gefn mae pump o'r chwe phlentyn a aned i'r teulu rhwng 1879 ac 1893 – David, Jane, Griffith, Elizabeth a Mary – a mam, Ellen, y cyw melyn olaf, yn y rhes flaen. I un a fu'n fwynwr tlawd mae golwg tra graenus ar y tad a'i deulu. Roedd gwella byd ei deulu yn un o'r gwerthoedd y credai ynddynt.

sgwrs a fu rhyngom a ddaw yn ôl imi bellach. Dw i'n cofio'n dda iddo ddweud wrtha i, pan oedd yr Ostyn yn tuchan ei ffordd i fyny allt Cerrig Bychan, fod ganddo awydd i ladd ei hunan yn y fan a'r lle. O gredu mai addewid dyn mewn diod oedd y sylw, awgrymais iddo y byddai hi'n hwylusach i'r ddau ohonom petai o'n gwneud hynny tu allan i'r car yn hytrach na thu mewn. Ond y peth a gofiaf gliriaf ydi iddo, wedi imi stopio'r car wrth lidiart ei gartref, syllu i fyw fy llygaid, codi'i fys i'r awyr a holi'n ingol, 'Harri Lôn Dywyll, pam na ei di'n beilot yn lle'n bregethwr?' Gwaith pengoll yng ngolwg Dennis oedd bod yn bregethwr – a hwyrach bod hanes wedi'i wneud yn broffwyd – a thybiai y byddai hollti'r cymylau mewn awyren yn amgenach galwedigaeth imi.

Gŵr ar draed oedd Dennis y noson honno, os ar draed hefyd, a minnau wedi afradu cyflog haf cyfan i brynu recsyn o gar penagored. Hwyrach mai gweld fy mentergarwch i a'i sbardunodd i ofyn y cwestiwn. Teimlo'i fod yng nghwmni un a fedrai fynd ymhellach, ac yn uwch, petai'n dewis hynny. Wedi'r cwbl, doedd ymlyniad tylwyth mam wrth yr awen brudd ddim yn gyfystyr â dweud bod pawb o'r teulu'n arallfydol, a heb unrhyw ddawn i drin y byd. I'r gwrthwyneb wir. I ddechrau, dyna i chi William Williams, Ynysfor, tad 'mam.

TAID YNYSFOR

Dydw i ddim yn cofio Taid Ynysfor, er y dylwn i hwyrach. Fel 'hen ŵr hardd a llednais', y cafodd ei ddisgrifio yn y papur wythnosol wedi'i farwolaeth ac fel un a oedd 'yn barchus iawn gan bawb o'i gydnabod'. Cefais fy mwydo i gredu gan bawb o'r teulu fod yr *Herald Cymraeg*, am unwaith, wedi dweud calon y gwir. Yn ôl a glywais, yn hen ŵr dros ei bedwar ugain bu'n gwthio peth arnaf mewn pram gwichlyd i fyny ac i lawr

38. Hoe fach wedi gwthio'r pram i fyny ac i lawr llwybr yr ardd a'r teithiwr, mae'n amlwg, yn yfed y sylw.

llwybr yr ardd ac yn dotio at gynnwys y pram hwnnw. Y gwirion hen a oedd ynddo, mae'n debyg, a barai iddo ryfeddu felly. A be wnewch chi o hyn? Yn ganol oed dyma fi'n derbyn llythyr o Gefn Clawdd, Trawsfynydd, oddi wrth berthynas, yn amgáu arwrgerdd o waith fy nhaid, a minnau, syndod pob syndod, yn wrthrych y canu hwnnw:

> Wrth ei yrru ar olwynion
> Canu byddaf hen alawon
> Gynt a ddysgais pan yn blentyn,
> Dônt yn ôl wrth fagu'r hogyn.

Roedd yna gytgan yn ogystal, a hwnnw sy'n mynd at galon rhywun:

> Heidi ho, dyma fo,
> Dyma fo, heidi ho;
> Un o roddion penna'r cread,
> Eilyn cariad ydyw o.

39. Fy mam, Ellen oedd ei henw bedydd, Nel oedd hi i'w chydnabod a 'Pem' i bawb o'i theulu. Enw mwys oedd hwnnw, wedi'i roi iddi gan un o'i nithoedd wrth iddi geisio parablu'i henw, a'r gair wedi cydio a glynu.

'Un o roddion penna'r cread'! Yng nghyfnod Beirdd yr Uchelwyr, a fyddai unrhyw noddwr wedi medru hawlio gwell oddi ar law Iolo Goch neu Wiliam Llŷn, Tudur Aled neu Ddafydd Nanmor? Ond, yn anffodus, mae'r chweched pennill yn awgrymu na bu pethau'n fêl i gyd i'r hen ŵr ar bob taith bram:

> Teimlaf weithiau yn flinedig
> Pan fydd Harri yn anniddig,
> Ond yn angof aiff y cyfan
> Pan ddaw Harri ato'i hunan.

A 'Heidi ho, dyma fo' arall.

Yng nghegin yr hen dŷ ffarm lle'm magwyd i roedd yna ddau lun mewn ffrâm o boptu'r bwrdd bwyd. Gwaddol fy nhaid i mam, ei ferch ieuengaf, oedd y lluniau hynny a'r ddau'n symbolau o'i werthoedd yntau'n grefyddol a gwleidyddol. O ran ei grefydd roedd o'n Anghydffurfiwr o argyhoeddiad ac yn ei wleidyddiaeth yn Rhyddfrydwr selog. Ar y pared, un ochr i'r bwrdd, roedd yna lun lliw o'r Frenhines Victoria yn ei holl ysblander reiol. 'Y Fam Fawr Wen', wrth gwrs, oedd gwarcheidwad y traddodiad hwnnw. A siarad yn ffigurol, fe'm magwyd i am flynyddoedd

40. Y Frenhines Victoria. A siarad yn ffigurol, fe'm magwyd i am flynyddoedd yn union o dan ei bronnau helaeth . . .'.

yn union o dan ei bronnau helaeth ond eto heb lwyddo i wneud brenhinwr ohonof. Ar y pared arall, roedd yna lun brown a gwyn o'r Parchedig Ddoctor E. Herber Evans, Caernarfon, yn ŵr graenus ei wisg, hardd ei wedd ac yn fwy na llond y ffrâm. Gyda llaw, roedd 'Herber', fel y'i gelwid, nid yn unig yn llond ffrâm o ddyn ond yn llond stryd yn ogystal. Roedd o'n rhy gorffol, meddid, i fedru cerdded palmentydd cyfyng Stryd Llyn. Ei unig ddewis, baw ceffylau neu beidio, oedd cerdded canol y ffordd. Wrth gwrs, i weinidog eithriadol brysur mewn sawl maes roedd llwybr felly'n un hwylus; codi het ar bawb o bell ac osgoi'r mân siarad cymdeithasol. Roedd 'Herber' yn enghraifft wiw o'r traddodiad Anghydffurfiol ar ei orau. Dyma'r siopwr dillad a lwyddodd, gydag ymdrech, i godi'i hun gerfydd careiau'i sgidiau, dod yn bregethwr amlycaf ei enwad, yn ddylanwad gwleidyddol o bwys a chyn diwedd ei oes yn brifathro coleg. Roedd syllu i fyw llygaid 'Herber' ar draws y bwrdd bwyd i fod yn anogaeth ddyddiol i hogyn ysgol fel fi, i ddygnu arni fel fy nhaid a thyfu i fod yn fardd ac yn *entrepreneur*.

'Teithiodd lawer ar y byd', meddai'r Herald wrth gyfeirio at ei farwolaeth yn un naw tri wyth ond heb nodi, yn anffodus, beth oedd hyd a lled y teithio hwnnw na beth a'i gyrrodd i grwydro. Rheidrwydd, hwyrach, yn gymaint ag unrhyw fentergarwch. Tyddynnwr un acer ar bymtheg a saer – saer llongau ar un cyfnod – oedd ei dad, Griffith Williams, a Chrowrach Uchaf, uwchben Porth Ceiriad, yn lle go llwm i fagu wyth o blant – pum merch a

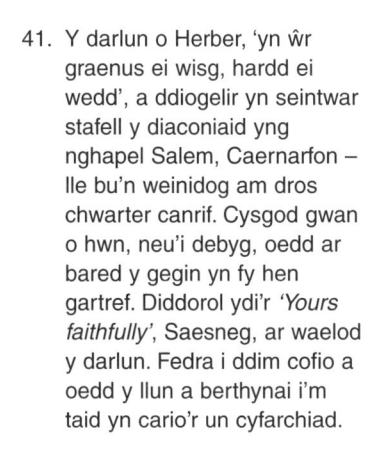

41. Y darlun o Herber, 'yn ŵr graenus ei wisg, hardd ei wedd', a ddiogelir yn seintwar stafell y diaconiaid yng nghapel Salem, Caernarfon – lle bu'n weinidog am dros chwarter canrif. Cysgod gwan o hwn, neu'i debyg, oedd ar bared y gegin yn fy hen gartref. Diddorol ydi'r *'Yours faithfully'*, Saesneg, ar waelod y darlun. Fedra i ddim cofio a oedd y llun a berthynai i'm taid yn cario'r un cyfarchiad.

thri o fechgyn. Roedd hi'n fendith felly bod yr ardal ar y pryd yn frith o weithfeydd plwm, ac yn eu tro bu'r tri bachgen – Hugh, William a Robert – yn fwynwyr. Ond daeth llai o alw am blwm a dechreuodd y mwynfeydd gau o un i un. Dyna, mae'n fwy na thebyg, a yrrodd hogiau Crowrach i grwydro.

Mi wyddwn, er yn blentyn, fod brawd hynaf fy nhaid, Hugh, wedi cyrraedd cyn belled ag arfordir Cymbria ac ymsefydlu yn Cleator Moor – *Little Ireland* fel y'i gelwid oherwydd yr holl Wyddelod a heidiai yno ar y pryd. Un atyniad wrth gwrs oedd bod yr ardal yn un hynod ddiwydiannol: dau bwll glo yn y dre'i hun, chwarel neu ddwy gerllaw ond yn bennaf, fel ym Mwlchtocyn, gweithfeydd mwyn haearn. I gadarnhau'r stori, roedd yna bowlen siwgr, swel ddigon, ar y silff ben tân gartref a rhybudd cyson i beidio â'i thwtsiad rhag ofn iddi fynd yn deilchion. Ar ochr y bowlen honno, wedi'u llythrennu ag aur cogio, roedd y geiriau *A Present from Cleator Moor*. Hugh, meddid, a oedd wedi anfon neu ddanfon y bowlen honno yn anrheg i'w rieni ac yng ngolwg mam roedd gwybod hynny'n ei gosod uwchlaw pris. Hwyrach mai yn yr un rhan o'r byd y bu William, ei frawd, am gyfnod. Dyfalu ydi hynny wrth gwrs.

42. John Arfon Huws – pensaer wrth ei grefft, bardd a hanesydd lleol – yn sefyll o flaen tŵr y peiriant trawst yng ngwaith plwm Penrhyn Du. Ond does dim sicrwydd dros ba gyfnod neu gyfnodau y bu fy nhaid yn fwynwr nac ychwaith ym mha waith y bu'n gweithio. O wrando ar siarad y teulu cefais yr argraff mai Gwaith Pantgwyn oedd hwnnw. Os hynny, gwyddai am y ddamwain a fu yno yn 1885 pan foddwyd tri yn un o siafftau'r gwaith. Drannoeth, cyfansoddodd bardd lleol, John Roberts, neu Ioan ap Huw a rhoi iddo'i enw barddol, alargan chwe phennill i gofio'r digwyddiad.

Tair o wragedd wnaeth yn weddwon,
Tri ar ddeg o blant heb dad;
Ymddiriedwch yn yr Arglwydd
Gyda'ch plant amddifad mad . . .

43. Hugh Williams, yn ŵr ifanc, wedi cyrraedd i gyffiniau Cleator Moor; enw cwmni yn Whitehaven, y dref agosaf, sydd o dan y darlun. Cymerais yn ganiataol (trosedd anfaddeuol wrth ymchwilio hanes) mai yn Cleator Moor y trigai Hugh. Wedi hir chwalu, a theithio ofer, darganfûm mai ym mhlwy bychan Lamplugh, gerllaw, yr ymsefydlodd i ddechrau, yn gloddiwr mwyn haearn wrth ei alwedigaeth. Yn ddiweddarach, symudodd gyda'i deulu i 119, Ennerdale Road, Cleator Moor. Yno y bu farw yn 1926.

44. Y cysylltiadau teuluol a roes werth ar y bowlen a dim arall. Synnwn i ddim na phrynwyd hi mewn ffair gyda cheiniogau digon prin; mae'r geiriau cyfarwydd *Made in Germany* wedi'u stampio oddi tani.

Ond pa ystyr bynnag sydd i 'deithio llawer ar y byd' fu fy nhaid ddim yn hir o'i gynefin; dychwelodd, priodi Jane Ann, merch ffarm Cae Du, a symud i fyw i fwthyn o'r enw Pengongl ar gyrion y pentref. Am gyfnod byr fe ddychwelodd at ei hen grefft ond cyn bo hir, naill ai o ganlyniad i slymp yn y farchnad blwm neu hwyrach oherwydd awydd i wella'i fyd, sefydlodd fusnes cario rhwng plwy Llanengan a thre Pwllheli. Dyna'r pryd y daeth yr *entrepreneur* a oedd ynddo i'r golwg. Does yna ddim cofnodion nac atgofion am y mentro allan a fu yn ei hanes ond fe ddiogelwyd ambell lun. Hwyrach mai dechrau ar sgêl fach fu ei hanes, fel sawl cariwr yn Llŷn yn y cyfnod hwnnw: rhedeg cerbyd cario nwyddau i ddechrau ac yna prynu brêc i gario teithwyr.

Yn nes ymlaen fodd bynnag – ac yntau erbyn hynny wedi troi at amaethu Cae Du, ffarm hanner can acer ei dad yng nghyfraith – y bu'r mentro mawr yn hanes y teulu a fedra i ddim llai na chredu bod a wnelo fy nhaid rywbeth â'r fenter honno. Ddechrau Ionawr un naw un dau sefydlodd ei fab hynaf, David, mewn partneriaeth â pherchennog gwesty yn y pentref, gwmni teithio newydd sbon a rhoi iddo enw swanc odiaeth: The Abersoch Motor Omnibus Company Limited. Ond doedd yr enw, serch ei swancrwydd, ddim yn wreiddiol iawn. Roedd y Tocia Omnibus eisoes wedi'i gofrestru

45. Taid a nain yn ganol oed cynnar.

46. Ynysfor, tŷ cerrig braf ar gyrion pentref Abersoch ar y ffordd allan am Sarn Bach, Bwlchtocyn a Thrwyn Cilan. Pengongl oedd enw'r tŷ yn wreiddiol ond fe'i hailfedyddiwyd yn Ynysfor – enw ag iddo chwaneg rhwysg. Mae 'nhaid ar y chwith eithaf a mam yr ochr arall. Am a wn i ymwelwyr – o bell neu agos – ydi'r gweddill.

ddeufis ynghynt ac fe welwyd cofrestru sawl cwmni 'Omnibus' arall o hynny ymlaen.

Mae'r ddogfen gyfreithiol a luniwyd yn nodi mai cwmni cyfyngedig drwy gyfranddaliadau oedd o a dim mwy o nifer na hanner cant – ar wahân i'r rhai a gyflogid – i gael perthyn i'r cwmni. Yn annisgwyl iawn, dydi enwau William Williams, y tad, na'r mab ieuengaf, Griffith, ddim ymhlith y chwe chyfarwyddwr. Ond fel cyn-gariwr ei hun, mae'n fwy na thebyg bod y tad yn gefnogol i'r fenter ac o bosibl yn un o'r cyfranddalwyr. Felly, dyma'r teulu'n rhoi heibio'r coetsis a'r ceffylau a'r Cwmni newydd-anedig yn prynu bỳs.

Rhaid dweud bod prynu bỳs newydd, y cyntaf erioed i gyrraedd y plwy, yn gryn fenter. Yn ychwanegol at hynny, cyn rhoi pethau ar waith bu'n ofynnol i'r ddau bartner fynd cyn belled â Huddersfield, ac aros yno am gyfnod mae'n debyg, i ddysgu sut i lywio'r Karrier newydd cyn mentro'i yrru ar hyd ffyrdd metlin Llŷn. Ar y pryd, roedd gan gwmni Karrier gynrychiolydd dros Ogledd Cymru gyda math o garej bren ym Mhwllheli ac, yn nes ymlaen, anfonwyd peiriannydd i Lŷn am gyfnod i hyfforddi'r gyrwyr ymhellach. Faint bynnag o hyfforddiant a gafwyd, roedd gyrru'r anghenfil newydd am y waith gyntaf o Loegr i Lŷn, pan oedd oes y goets a'r ceffyl heb lawn ddarfod, yn siŵr o fod yn brofiad oes. Yn ystod y daith

47. Dyma'r tair Karrier a ddaeth o Huddersfield i Lŷn yn 1912, wedi'u parcio ar Ben Cob ym Mhwllheli, gan ddechrau rhedeg ar siwrneion ar hyd a lled y Penrhyn o fis Mai ymlaen. Anghywir oedd nodi mai 'Bysys Tociau' oedd y tair. Bỳs Cwmni Cae Du oedd CC540; David, y mab, sydd wrth ei lyw. Roedd CC524 yn eiddo i Gwmni Tociau a'r un ganol, CC547, yn perthyn i Gwmni Tir Gwenith.

48. Llun agos o un o fysys Cae Du, wedi'i gorlwytho â theithwyr, gyda saith o rai mentrus wedi dringo i'r to ac eistedd yn y fan lle cludid nwyddau'n arferol. Go brin mai dyma'r awr y lansiwyd y busnes. Ar y dde eithaf, yn iwnifform y Cwmni, mae David Evan Davies – perchennog y Glanrafon Temperance Hotel a'r enw cyntaf ar restr y Cyfarwyddwyr. Yn y 'Temperance Hotel' roedd Swyddfa'r Cwmni. F'ewyrth Defi oedd yr ail enw ar y rhestr honno. Cyfreithiwr, morwr a dau ffarmwr lleol oedd y Cyfarwyddwyr eraill. Ar y dechrau, dim ond o Abersoch i Bwllheli y teithid; cychwyn o'r pentref am naw'r bore a dychwelyd o'r dref am bedwar y pnawn. Coch oedd lliw bysys Cae Du a grym y peiriannau'n ddim mwy na hanner can nerth march.

forwynol honno, fe dynnodd rhywun lun Bŷs Cae Du wedi aros ar gyrion pentref Clynnog i oeri'r mecanwaith. Ac am unwaith mewn bywyd roedd teulu Cae Du, a theulu'r awen brudd, yn 'selebs'.

Er mai prin dalu'i ffordd roedd y Cwmni ar y dechrau fe brynwyd ail fŷs cyn bo hir. Wedi pum mlynedd dyma nhw'n anfon gair at wneuthurwyr y Karriers i ganmol y bargeinion a gafwyd: '*Gentlemen. The two Karriers have given the greatest satisfaction. They have borne the strain imposed by uneven roads and steep inclines. The engines are in good condition after 5 years constant use. We are proud of our Karrier Cars.*' Ond hwyrach mai'r twrnai hwnnw o Bwllheli piau'r Saesneg dioge! ac nid f'ewyrth Defi.

Ond ha bach Mihangel fu hi yn hanes yr Abersoch Omnibus, fel yn hanes sawl cwmni teithio tebyg. O beth i beth aeth y gystadleuaeth yn ormod. Wedi'r Rhyfel Mawr sefydlwyd amryw o fân gwmnïau ar Benrhyn Llŷn, pob un â bỳs neu ddau. A dim ond hyn a hyn oedd yna o gwsmeriaid am bicio i'r dre, neu am fynd â'r hwch at y baedd neu lo i'r farchnad, a dim ond unwaith mewn haf y byddai capeli'n trefnu'u tripiau ysgol Sul. (Mor ddiweddar â diwedd y pumdegau, ym mhendraw Llŷn, fe welais i sawl llo bach yn cael reid mewn bỳs rhwng dwy ffarm a dim ond hen sach am ei lwynau rhag digwydd a fo gwaeth.). Llithro i ddormach ariannol fu hanes y Cwmni yn y diwedd ac yn nechrau'r dauddegau penderfynwyd gwerthu allan i'r Tocia Omnibus – y cwmni a redai ar hyd arfordir gogleddol Llŷn.

Ond fu drwg erioed nad oedd yn dda i rywun, meddan nhw. Yn fuan wedi terfyn y Rhyfel Byd Cyntaf ymddiswyddodd f'ewyrth Defi o fod yn un o gyfarwyddwyr yr Abersoch Omnibus. Pan aeth y busnes i'r wal, flwyddyn yn ddiweddarach, prynodd yr holl asedau. Wedi gwerthu bysys Abersoch i'r Tocia Omnibus daeth yn yrrwr i'r Cwmni hwnnw am y cyflog breiniol, bryd hynny, o deirpunt yr wythnos, a dod yn un o'i gyfarwydd-wyr yr un pryd. Mae hi'n debyg iawn mai gyrru'r un bysys ag o'r blaen a wnâi, ar hyd yr un cefnffyrdd cynefin, gyda'i frawd, Griffith, yn werthwr tocynnau neu'n yrrwr arall. Ond cyn pen pymtheg mlynedd roedd Crosland-Taylor a Chwmni'r Crosville wedi traflyncu'r Tocia Omnibus hefyd, a bron bob cwmni arall a redai ar hyd a lled y Penrhyn.

49. David Richard Williams, mab hynaf Cae Du, yn ei holl ogoniant fel prif yrrwr yr Abersoch Omnibus – hyd at y legins. Tynnwyd yn ystod ei arhosiad yn Huddersfield. Bu f'ewyrth Defi farw yn 1953 – yn ŵr amlwg yn ei ardal – a Griffith, ei frawd, yn 1956.

Mynd yn ôl at y tir fu hanes f'ewyrth Defi wedyn, i ffarmio tir ei gartref a gwerthu llefrith amgylch ogylch y pentref. F'ewyrth Griff oedd yr unig un o'r teulu a lynodd at lywio bỳs gydol oes. O hynny ymlaen, fel cynt, dim ond barddoniaeth Gwilym Ynysfor a'i ferch, Mary, a oedd ar gael i roi teulu'r awen brudd ar fymryn o fap.

67

MODRYB MARY, CROWRACH

Ond fe fagwyd un *entrepreneur* arall yng Nghrowrach a Mary, chwaer ieuenga'r teulu oedd honno. Tua'r un cyfnod â sefydlu'r Abersoch Omnibus, os nad yn gynharach, fe fentrodd hithau allan i fyd busnes a hynny mewn ffordd wreiddiol a gwahanol. Erbyn hynny, mewn lle fel Abersoch, roedd cadw ymwelwyr yn foddion i gadw'r blaidd o'r drws – yn union fel y byddai'u cyndadau'n cadw moch neu'n cadw ieir – a'r diwydiant yn tyfu'n brysur. Gydag Oes Victoria yn dod i ben blagurodd rhyddid newydd a dechreuodd y 'bobol ddiarth' fynd yn fwy mentrus. Aeth y cilfachau a'r twyni cyfagos yn fannau i ddadwisgo peth, i dorheulo a hyd yn oed i ymdrochi. Hyrwyddwyd y newidiadau ymhellach pan benderfynodd ystâd y Faenol werthu wyth mil acer o arfordir hyfryd yn ymestyn allan o Abersoch i gyfeiriad Porth Ceiriad – yn cynnwys ffermydd a nifer o dyddynnod. Un eiddo i fynd o dan y morthwyl ym mis Rhagfyr un naw dim saith oedd Crowrach Uchaf. Roedd Mary, erbyn hynny, wedi

50. Crowrach Uchaf uwchben y môr, lle magwyd tyaid o blant – fy nhaid a'i frodyr a'i chwiorydd – ac a ddaeth yn eiddo i John a Mary Hughes yn yr ocsiwn fawr. Yn ôl y catalog, cynhwysai Lot 96 dŷ, beudai a phedwar cae ar ddeg. Tŷ haf ydi o, bellach, ac roedd ei ddrysau ar glo pan alwais heibio.

priodi hefo un John Hughes ond yn dal i fyw yng Nghrowrach. O weld y cynhaeaf a oedd yn prysur aeddfedu o flaen eu llygaid penderfynodd y ddau'i mentro hi, prynu'r lle ac arall gyfeirio. Yn rhifyn Awst/Medi o *Abersoch Notes* – cylchgrawn tra diddorol ac wedi'i anelu'n benodol at 'y bobl ddiarth' – ceir yr hysbyseb a ganlyn: *Mr Hughes, Crowrach, has opened a Refreshment Room, near the beach, where tea, &c., can be obtained every afternoon*.

I fyd arlwyo, felly, y mentrodd Mary, er ei bod hi'n gwbl bosibl mai'i gŵr, y 'Captan' fel y'i gelwid, a gafodd y weledigaeth. Doedd gan John Hughes, meddid, ddim ticed capten fel y cyfryw ond roedd o wedi bod yn 'stiward' ar y môr a chwcio a gweini, hwyrach, yn rhan o'i ddyletswyddau bryd hynny. Roedd y ffarm mewn safle delfrydol i'r arallgyfeirio hwn, yn sefyll ar godiad tir yn agos i un o draethau hyfrytaf Llŷn, Porth Ceiriad. Mae'n wir y byddai'r 'bobol ddiarth' a gedwid yn cael pedwar pryd y dydd ond roedd ymdrochi a thorheulo'n waith sychedig ac awel o'r môr yn medru codi archwaeth am damaid rhwng prydau. A dyma Mary a'r 'Captan' yn codi clamp o gwt pren ac iddo do o sinc ar lan y môr. Ond fe aeth y ddau ymhellach na hynny. Ymhell cyn bathu'r gair 'hysbys', llythrennodd y 'Captan', neu rywun ar ei ran, y gair Saesneg *Refreshment* – mewn 'llythrennau eglur, clir', fel y dywed yr emynydd – a hongian yr arwydd hwnnw wedyn ar y crib yn ymestyn hyd y cwt. Ond fel y 'Ffresmant' y darllenai'r 'locals' enw'r caffi ac wrth yr enw cartrefol hwnnw y cyfeirid at y lle wedyn gydol y blynyddoedd.

Mewn rhifyn o *Llanw Llŷn*, papur bro'r ardal, cyhoeddodd Arfon Huws ysgrif ddiddorol o dan y pennawd 'Ffresmant Porth Ceiriad'. (Ceir yr ysgrif, hefyd, yn ei gyfrol *Llain yn Llŷn* a gyhoeddwyd yn 2002.) Dengys fel y daeth y cwt pren yn adeilad strategol i gimychwyr yr ardal, dim ond hwylio i'r De ohono, ond dengys, hefyd, fel y bu i'r freuddwyd bylu gydag amser:

> Yn nhreigl amser daeth gyrfa John Hughes y stiward a fu'n tendio ar ofynion gastronomaidd y 'fisitors' i ben a diflannodd yr arwydd uniaith, y beic, y tebot a'r llestri te. Ac wrth ochr y drws ffrynt ar ganol y feranda ymddangosodd enw newydd diarth ac annealladwy ar gylch o bren rhwng dwy sgriw: BON ACCORD . . .
>
> Bu felly am ddegawdau yn gwlychu yn y gaeaf ac yn sychu yn yr haf gydag ambell strempan o baent rhad i atal dirywiad llwyr y cyfanwaith pensaernïol hwn.
>
> Ond daeth ei ddydd. Ychydig amser yn ôl fe brynwyd y ffresmant a'r tiroedd o'i gwmpas gan yr Ymddiriedolaeth Genedlaethol. Chwalwyd breuddwyd brau John Hughes a llusgwyd gweddillion shangri la'r wenoliaid i'r domen. Dynodwyd ei safle a Phorth Ceiriad yn rhan o Arfordir Treftadaeth Llŷn ac yn Ardal o Brydferthwch Arbennig.

Erys Crowrach Uchaf, heb newid ei wedd allanol, yn dŷ haf a Chrowrach 'Cottage' heb fod fawr gwahanol, yntau hefyd yn dŷ haf. Gweddnewidiwyd Crowrach Isaf, yr hen dyddyn, yn fynglo moethus i gynnig gwely a brecwast i adar haf Bon Accord.

Ac i'r traeth gerllaw daeth ffresmant y Naw Degau, yn ganiau 'Coke', yn ganiau Guinness ac yn boteli plastig yn gymysg â'r gwymon.

Mi glywais lawer gan yr hen deulu pa mor galed y gweithiodd y ddau gyda'r fenter. 'Slafio' oedd y gair a ddefnyddid, y gair a'i awyrgylch yn mynd yn ôl i ddyddiau caethwasiaeth. Petai digon o le wedi'r llythrennu bras, gallasai'r ddau fod wedi ychwanegu'r ymadrodd *'home cooking'* fel is-deitl. I baratoi'r arlwy – teisennau cri a bara gwyn, bara brith a chacennau cartref – roedd yn ofynnol i Mary, beth bynnag am ei gŵr, weithio o olau i olau a hwy na hynny. Ond yn ôl a glywais i, y Capten oedd yn gyfrifol am y nôl a'r danfon. Beic oedd yr unig gludiant posibl. Roedd yn rhaid felly rhoi'r llestri a'r danteithion mewn basgedi gwellt a'u gosod wedyn ar asgwrn cefn y beic a'i gerdded gyda'r gofal mwyaf i lawr i gyfeiriad y

51. Y Ffresmant yn ei holl ogoniant a'r faner yn cyhwfan yn awel y môr. John Hughes yn mwynhau paned yn nrws y caffi a Mary'n gweini wrth y bwrdd. Meddai Arfon Huws yn ei ysgrif yn *Llanw Llŷn:* 'Bu'r cwt yn gymorth i gimychwyr yr ardal. Er nad ydyw yn ymddangos ar unrhyw Siart Morlys byddai llecyn da i ollwng cawell ond hwylio'n union i'r de ohono ac fe'i gelwid yn Nyfn Ffresmant . . . Ychydig amser yn ôl fe brynwyd y ffresmant a'r tiroedd o'i gwmpas gan yr Ymddiriedolaeth Genedlaethol. Chwalwyd breuddwyd brau John Hughes a llusgwyd gweddillion shangri la'r wenoliaid i'r domen.'

52. Mae Mary a John Hughes yn fy nharo i fel dau yn bore godi a mynd yn hwyr i gysgu. Hi mewn ffrog laes, llewys cwta, ac yntau wedi botymu'i wasgod frethyn hyd at y gwddw a'r sgerffyn gwyn, wedyn, wedi'i glymu'n dynn o dan ei ên – i gadw pob awel groes i ffwrdd. Mae'n debyg mai un o'r cwsmeriaid oedd y wraig â'r gôt ledr, a pherchennog y car penagored mae'n debyg; wedi cael te pnawn yn y Ffresmant roedd hi am lun *wish you were here* i fynd yn ôl hefo hi.

traeth. John a fyddai'n llywio a Mary'n cydio yn y mydgard ôl gyda chomand cyson i wasgu hwnnw ar olwyn y beic pan ddechreuai'r llwyth fynd o'u gafael. Gyda'r ail lwyth, mae'n debyg, y cludid y poteli pop trymion a hynny mewn bocsys pren a oedd cyn drymed mae'n ddiamau. Ond os oedd hi'n oriwaered i lawr roedd hi'n dynnu i fyny yn ôl a hynny ar ddiwedd diwrnod o dendio caled a gwrando ambell gŵyn. Rhaid derbyn wrth gwrs mai gwaith misoedd yr haf oedd hwn. A hyd yn oed ganol haf, go brin y byddai hi'n werth agor y cwt os na fyddai hi'n dywydd dadwisgo ac ymdrochi.

Fel y dengys hanes y Ffresmant a'r Abersoch Omnibus, pobl a gredai fod gwaith yn rhinwedd oedd teulu'r awen brudd.

YNCL ROBAT MERICA
O sôn am luniau, roedd yna un arall yn yr hen gartref ond bod hwnnw drwodd yn neilltuaeth y parlwr, neu'r neuodd fel y gelwid lle felly yn Llŷn. Llun pregethwr mewn ffrâm oedd hwnnw hefyd, 'The Reverend R. E. Williams, Wisconsin' – penfoel, porthiannus, glandeg, trwsiadus ac yn

53. 'Yncl Robat Merica' yn ieuengach yr olwg nag yn y llun hwnnw oedd yn 'neilltuaeth y parlwr'.

gwisgo sbectol a oedd yn fwy o wydrau nag o ffrâm. Bryd hynny, o fwyta'n ddyddiol yn eu cwmni, ro'n i'n fwy cybyddus, rhywfodd, â Victoria neu 'Herber' ond eto mi wyddwn yn iawn fod 'Yncl Robat, Merica', fel y'i gelwid, yn perthyn. Cyn belled ag y gwn i, yr ychwaneg parch tuag ato a'i gyrrodd i unigrwydd ystafell gefn, ystafell na fyddai neb yn ei mynychu os nad oddeutu'r Nadolig. Ond nwyd yr arloeswr oedd ym mab ieuengaf Crowrach Uchaf yn fwy nag unrhyw awydd i ymddyrchafu. Fe fentrodd ymhell o'i gynefin; ymhellach na neb arall o deulu Crowrach a dweud y gwir.

Yn hogyn pymtheg oed, yn nechrau saithdegau'r bedwaredd ganrif ar bymtheg, gweithiai yn un o weithfeydd plwm yr ardal ond wedi peth amser yn cloddio aeth yn forwr ar un o longau Porthmadog. Faint bynnag ei oed ar y pryd, roedd hi'n hawdd ddigon iddo ffeindio'i ffordd i'r Port. Yn ôl yr hanes, bu'i dad, Griffith Williams, yn saer llongau yno unwaith gan gerdded trigain milltir yn wythnosol rhwng Cilan a Phorthmadog. Hwyrach iddo gael mynd yno gyda'i dad, ar dro, i weld lansio rhyw long neu'i gilydd ac mai dyna a'i gyrrodd i forio. Ond o ran hynny, roedd ei gartref yn union uwchben Porth Ceiriad a llongau hwyliau, bryd hynny, yn hwylio'n gyson heibio i Ynysoedd Sant Tudwal a Thrwyn Cilan cyn ei hunioni hi wedyn am bellafoedd byd.

Wedi bod yn morio peth, ymsefydlodd am gyfnod yn Awstralia, yng nghyffiniau Sebastopol yn Nhalaith Victoria. Ar y pryd, roedd Sebastopol yn dref ffyniannus a chryn gloddio am aur yn y wlad o'i hamgylch. Synnwn i ddim na fu iddo ailgydio yn ei hen grefft am blwc a gweithio fel mwynwr yn un neu ragor o'r mwynfeydd a oedd yn britho'r ardal. Ond yn niwedd un wyth wyth dim dyma fo'n mentro codi angor a morio i fyd newydd. Ar Sul ola'r flwyddyn traddododd ei bregeth gyntaf yng Ngharmel, capel Cymraeg y Presbyteriaid yn Sebastopol. Cyn pen deunaw mis roedd 'Yncl Robat' yn hwylio'n ôl i Gymru ac yn ei boced 'lythyr cymeradwyaeth fel pregethwr' oddi wrth 'y frawdoliaeth yn Sebastapol'. Mi ro'i 'mhen i dorri iddo fo gadw'r llythyr hwnnw yng ngwaelod isaf ei gist llongwr gydol y fordaith, o gyrraedd pob rhyw awel groes a rhag i wlybaniaeth a heli môr ddileu dim ar yr inc. Peth mawr oedd gadael tir yn fwynwr plwm, treulio tymor yn forwr ar long hwyliau a dychwelyd yn bregethwr trwyddedig.

Roedd o wedi derbyn peth addysg yn Sebastapol cyn dychwelyd i Lŷn ond beth oedd hyd a lled yr addysg honno mae'n anodd gwybod. Ai'r hyfforddiant hwnnw, tybed, a roddodd yr hawl iddo alw'i hun yn 'bregethwr' trwyddedig? Mae rhaid, fodd bynnag, nad oedd hi'n addysg ddigonol yng ngolwg yr Hen Gorff. Wedi'i dderbyn yn ymgeisydd am y weinidogaeth fe'i hanfonwyd i Ysgol Clynnog – hen Ysgol Eben Fardd unwaith – am ddwy flynedd, i loywi'r ychydig addysg a gafodd, a miniogi'r arfau, cyn treulio tair blynedd arall yng Ngholeg y Bala.

Ei uchelgais ar ddiwedd ei gwrs yn y Bala, mae'n debyg, oedd mynd yn genhadwr i wlad dramor. Ond am nad oedd drysau felly'n agor iddo bodlonodd ar y Merica – fel ail ddewis cenhadol am wn i. Wedi'i ordeinio a'i sefydlu'n weinidog ar eglwys Gymraeg ym Mangor, Pensylfania, yn y Merica, y wlad well, y bu wedyn am dros hanner can mlynedd; yn Nhalaith Pensylfania yn bennaf, yn mudo o eglwys i eglwys, cyn gollwng yr angor yn y diwedd yn Philadelphia. Yno y bu farw, yn un naw pedwar dim, yn bedair a phedwar ugain.

Byddai Mary Griffith, ei nith, yn ei gyfarch yn gyson gyda'i mesur naw llinell a'r cyfarchion hynny, wedyn, yn ymddangos mewn papurau newydd neu gylchgronau, yma a thros y môr.

> Cerdd am dro fy awen dirion
>   Gad Bwlchtocyn ardal lon,
> Fel y wennol ddiwedd tymor,
>   Cymer d'aden tros y don.
> Chwilia am ddinas Philadelphia,
>   Pan gyrhaeddi hwnt i'r môr,
> Yno cais y ddeuddyn tirion
> Sy'n rhoi goreu serch eu calon
>   I fugeilio Praidd yr Iôr.

Ac mae'n amlwg y byddai ei hewyrth yn anfon *Y Drych* iddi hithau a hwnnw wedyn, yn ôl un gerdd o'i heiddo, yn cerdded hyd a lled y plwy:

>Dyma'r ddau caredig yrrant
> Yn wythnosol i ni'r *Drych*.
>Ninnau ar aelwyd Tyddyntalgoch,
> Fawr fwynhawn ei 'sgrifau gwych.
>Lawr i Tyddyntalgoch Isaf
> Yr el bob wythnos yn ei dro.
>Daw cymydog heibio wedyn
> Ar ôl deall i ni ei dderbyn,
> Cerdd y *Drych* anheddau'r fro.

Anodd iawn ydi rhoi portread teg na chyflawn o un nad oedd yn ddim mwy i mi yn blentyn na 'phererin llwyd ei wedd' ar fur y parlwr. ('*Always well groomed, never overdone*', oedd sylw'r *Drych* ar un achlysur!) Ond fe siaradai'r teulu amdano gyda balchder mawr.

Ond ail law, wir, yw popeth a wn i amdano. Fodd bynnag, dw i'n cofio imi unwaith gael sgwrs yn ei gylch, tua diwedd y chwedegau, gyda'r diweddar Barchedig Ddoctor R. Lewis Jones, Caernarfon ar y pryd. Roedd y 'Doctor', mewn cyfnod diweddarach, wedi'i olynu fel Gweinidog yn Slatington, Pensylfania, ac yn ei gofio'n bur dda. Mynnai mai un lleddf oedd o wrth natur, Piwritanaidd ei ogwydd ac yn llawdrwm braidd ar bechodau'i oes. Doedd hynny ddim y sioc imi. Wedi'r cwbl, roedd 'Yncl Robat', fel gweddill teulu Crowrach, o wythïen yr 'awen brudd'. Cofiwch, ro'n i wedi casglu oddi wrth gyweirnod y sgwrs – ond yn annheg hwyrach – nad oedd y 'Doctor' ac 'Yncl Robat' yn ormod o lawiau.

O leiaf, doedd o ddim yn ddyn i brynu glo ar Sul. Yn nechrau'r nawdegau fe'i hanfonwyd i'r Gorllewin, gan ryw fwrdd cenhadol neu'i gilydd, i Butte yn Nhalaith Montana – 'The Last Best Place' – i geisio sefydlu eglwys Gymraeg yno. Roedd hi'n ardal cloddio am aur a mwynau eraill, a hynny Sul, gŵyl a gwaith, a phobl o bob tras, Cymry lawer yn eu plith, yn llifo yno i fentro'u siawns. Un o ofidiau 'Yncl Robat' oedd nad oedd y Sul yn cael ei barchu. Meddai, mewn ysgrif a gyhoeddwyd yn *Y Cyfaill*:

> 'Yn ddiweddar rhoddasom orchymyn am dunell o lo i barti yn y dref. Yr oedd hyn ar ddydd Gwener. Addawsai ei anfon ddydd Sadwrn yn ddiffael. Bore Sabbath pwy welem wrth y tŷ ond y gŵr a'r glo. Ni raid dweyd i ni ei wrthod gyda dirmyg – a dweyd y rheswm paham!'

Gwell traed oer yn ei olwg na thorri un o'r Deg Gorchymyn! A chwarae teg, roedd yna ruddin fel'na, neu ystyfnigrwydd hwyrach, yn perthyn i deulu mam.

Traed oerion neu beidio, rhaid bod iddo galon wresog a chryn ddylanwad fel cenhadwr. Un o'r penawdau yn rhifyn Ionawr un naw dim naw o'r *Cyfaill* oedd 'Capel Newydd Butte Montana':

'Derbyniasom air o Butte eu bod wedi agor eu capel newydd ac wedi llwyddo i wneud hynny heb fod dim dyled yn aros arnynt. Yn sicr mae yr eglwys wedi gweithio yn ardderchog mewn amser byr. Nid oes eto lawn wyth mlynedd er pan y maent wedi cychwyn. Yr oeddym yn credu pan aeth y Parch. R.E. Williams a'i briod yno mai hwy oedd yr

54. Roedd ganddo ran allweddol yn sefydlu eglwys Gymraeg yn Wind Gap, saith milltir o Bangor, Pensylfania – fel yr un yn Butte, Montana o ran hynny – a fo oedd y cyntaf i bregethu i'r gynulleidfa yno. Yn 1888, o dan ei arweiniad, adeiladodd y gynulleidfa gapel pren a'i alw yn Seion. Ddechrau'r ugeinfed ganrif symudwyd yr adeilad o'i safle gwreiddiol – drwy'i rowlio ar logiau o goed – a'i osod mewn man arall yn y dref. Diflannodd y Gymraeg ers blynyddoedd ond hyd yn ddiweddar, beth bynnag, arferid cynnal 'te Cymreig' yno unwaith y flwyddyn!

iawn rai i ymgymeryd a'r maes – maent wedi eu trwytho a'r ysbryd cenadol, ac yr oedd yn rhaid cael rhai felly i fyned i le fel Butte.'

Mae'r alargan a gyfansoddodd ei nith, Mary Griffith, ac a gyhoeddwyd yn *Yr Udgorn*, yn dangos na chollodd ddim ar ei weledigaeth wedi iddo symud o Butte i ddinas fawr Philadelphia:

> Yn ninas Philadelphia
>   Aeth lawer noson oer,
> I chwilio rhai yn ddwys eu bai
>   Gysgai dan y lloer;
> Bu yno'n gu Samariad
> I rai yn drist eu ffawd,
>   Gan gofio hyn,
>   Ar ben y bryn
> Gwnaed dyn i ddyn yn frawd.

Ond mi roedd 'Yncl Robat Merica' hefyd yn fardd yn ei hawl ei hun. Aeth â'r hen fesur naw llinell hefo fo dros y don a chyhoeddai ambell gerdd yn y mesur hwnnw yn y wlad well. Mae yna un o'i gerddi, *Old Folk Day in Bethany*, o fy mlaen i ar hyn o bryd. Cerdd i beri i rywun gythru am ei hances boced ydi hi, cofiwch; prawf pendant mai'r 'awen brudd' oedd ei hoffter yntau. Cyhoeddodd ysgrifau yn ogystal – rhai crefyddol eu natur mae'n wir – ac roedd ganddo afael da ar yr iaith Gymraeg. Ond stori arall ydi'r pregethau o'i eiddo a ymddangosodd mewn print – pils cysgu o gryn gryfder ddwedwn i.

Byddai'i weddw – 'Auntie Winnie' fel y galwai'i hun – yn llythyru'n gyson hefo ni wedi iddi'i golli. Sut y dechreuodd yr ymlyniad hwnnw dwn i ddim. Athrawes fu hi cyn priodi ac roedd iddi wreiddiau Cymreig serch iddi gael ei magu yn Racine yn Nhalaith Wisconsin; Capten Rowland Williams oedd enw'i thad. Yn niwedd yr wythdegau y trawodd y ddau ar ei gilydd, pan oedd 'Yncl Robat' yn weinidog yn Slatington ac 'ar daith tua'r Gorllewin', a phriodi ddiwrnod cyn y Nadolig, un wyth naw dim yn nghapel y 'Trefnyddion Calfinaidd' yn Racine. Cymry wedi ymsefydlu yn Racine yn Nhalaith Wisconsin oedd ei rhieni. Meddai un O. G. Owens, a ohebai i'r *Drych*: 'Y mae ein parchus weinidog wedi cyrraedd adref gydag ychwanegiad teilwng gydag ef . . . Y mae yma ddigon o le i weithio; ond ni bydd Mrs Williams ddim yn gweithio bellach yn yr ysgol ddyddiol, eithr yn cynorthwyo'i gwr i adeiladu'r eglwys.' Byddai cael dau am bris un, mae'n amlwg, yn gryn fantais. Ond diwedda ar nodyn digon materol: 'Lwc dda iddynt yw dymuniad yr ysgrifennydd a'r eglwys yn gyffredinol.'

55. Llun o'r ddau yn Nhachwedd 1938, wedi derbyn basgedaid o flodau braf i ddathlu rhyw achlysur neu'i gilydd. Cynhaliwyd ei wasanaeth angladdol, un cyhoeddus, yn yr Oliver Bair Funeral Parlours, 1820 Chestnut Street, Philadelphia, nos Fawrth, 18 Mehefin 1940. Meddai'r *Drych*, "'O Fryniau Caersalem ceir gweled' was sung by the congregation very effectively'. Drannoeth, cludwyd ei weddillion i Racine, Wisconsin, 'hen gartref ei annwyl briod'. Mudodd hithau'n ôl i Racine wedi colli'i phriod ac yno bu'i chartref, wedyn, hyd ei marwolaeth ddechrau Hydref 1951.

Yn un wyth naw chwech daeth â hi i Gymru, i'w dangos i'r teulu, a fyddai'r rheini, dybiwn i, o gofio'r ach, ddim yn fyr o fynegi barn; bu'n gyfle iddi hithau, o bosibl, i ymhél â'i gwreiddiau. Chlywais i neb o'r teulu'n cyfeirio at yr ymweliad hwnnw. Ond yn ôl cyfrol o'r enw *Hanes Cymanfa Dwyreinbarth Pennsylvania* bu 'cyfarfod ymadawol' iddynt yng nghapel Plymouth – lle'r oedd yn weinidog ar y pryd – 'a dymuno iddynt wibdaith gysurlawn a diogel'. Fel yr awgryma'i gwên, mewn sawl darlun ohoni a dynnwyd, roedd ganddi ddogn helaeth o hiwmor. Yn hyn o beth, tebyg yn tynnu at ei annhebyg oedd hi, mae'n ddiamau. Mae R. Lewis Jones yn ei gyfrol *Cerdded y Lein* yn ategu hynny: 'Ond roedd ei briod yn hollol wahanol iddo . . . . yn llawn hiwmor a hwyl, ac eto ni bu gŵr a gwraig hapusach na nhw erioed, mi gredaf. Cofiaf ei chlywed hi yn dweud peth o hanes eu mis mêl, a hithau yn canfod am y tro cyntaf erioed fod ei gŵr yn gwisgo gwallt gosod!' Dwn i ddim beth a ddigwyddodd i'r gwallt hwnnw ond yn ei hewyllys olaf gwelodd yn dda i adael swm o arian i nithoedd a neiaint ei diweddar ŵr. Cafodd mam gelc yn eu cysgod – er na fu i'r ddwy erioed, hyd y gwn i, daro ar ei gilydd.

Yn fisol mwy neu lai, yn fy nyddiau *Beano* a *Hotspur*, anfonai gopi imi o drefn yr oedfaon yn Racine, Wisconsin, a phopeth yn argraffedig fis neu fwy ymlaen llaw: rhif yr emynau a'r darlleniadau, y gweddïau redi-mêd a hyd yn oed bwnc a thestun y bregeth a oedd i'w thraddodi. (Cofiaf hefyd ei hanogaeth gyson i ni fel teulu i weddïo dros yr Arlywydd Franklin D. Roosevelt a'r Cadfridog Montgomery.) Mor flaengar, fel y tybiwn, o gymharu â Smyrna, Llangian, lle disgwylid i rai ddarllen a gweddïo ar ganiad yr utgorn: 'Thomas Jones, Dolfryn, ddowch chi ymlaen?' Yna, Thomas Jones yn cymryd hamdden y byd i gael hyd i'w ddewis o emyn. 'Meical Owan, Tŷ'n Mur, newch chi'n harwain ni ymhellach?' A Meical wedyn yn cymryd cyfle i chwythu'i drwyn, a pharatoadau tebyg, cyn mynd ati i'n 'harwain ni ymhellach' mewn gweddi. A'r ddau'n gwneud eu gwaith yn ddiwylliedig a graenus, fel petaen nhw wedi ymbaratoi ers tro; hwyrach eu bod nhw.

56. Pan oedd 'Yncl Robat' ar ei ail ymweliad â Chymru – a fo sy'n sefyll yn y canol yn y rhes gefn – ar 27 Medi 1910 gweinyddodd ym mhriodas ei nith, Mary Winnifred – merch Elizabeth, un o'i chwiorydd. Y priodfab oedd Edward Tudor, ffarmwr o Gefn Clawdd, Trawsfynydd. Fy nhaid sy'n eistedd ar y dde i'r briodferch. Go brin iddo groesi'r moroedd yn unswydd ar gyfer y gwaith. Y teulu, o bosibl, a fanteisiodd ar ei ymweliad a chreu cyd-ddigwyddiad cofiadwy.

57. Dyma nhw eto, wedi cyrraedd o gapel y Bwlch, Llanengan, at yr hen Swyddfa Bost ym Mhwllheli – ar gyfer y neithior mae'n debyg. Brêc Cae Du ydi'r cerbyd a David, y mab, cefnder i'r briodferch, sydd wrth yr awenau.

Dychwelodd 'Yncl Robat Merica' i Gymru yn un naw un dim, ar fwrdd yr *S.S. Haverford* – ond heb ei wraig y tro hwn. Fel yr eglurodd yn *Y Drych*, 'Oherwydd llesgedd ei rhieni penderfynodd hi aros dros y presennol gyda hwy yn Racine'. Hysbysodd y byddai'n hwylio am Gymru ganol Mehefin ac y dylid cyfeirio pob gohebiaeth ato, o hynny ymlaen, i 'Crowrach, Abersoch'. Yr awgrym ydi mai yn ei hen gartref, gyda'i chwaer hynaf, Gaynor – a oedd yn gloff o'i mebyd – yr arhosai a chrwydro oddi yno, mae'n debyg, i ailgydio yn ei deulu ac ail-gerdded yr hen lwybrau.

Wn i ddim faint o ddŵad ymlaen yn y byd yn ariannol fu yn hanes 'Yncl Robat Merica'. Cryn dipyn, dybiwn i. O leiaf, ar achlysur ei ymddeoliad fel Gweinidog fe'u llwythwyd ag aur lawer. Yn ôl *Y Drych*, ddiwedd Rhagfyr un naw dau pump y bu'r Cyfarfod Ffarwelio a chyflwynodd Eglwys Gymraeg Philadelphia, lle bu'n Weinidog am bymtheng mlynedd, 'flwch o aur yn cynnwys pum darn ugain doler' iddo. Ond rhaid nad oedd John T. Williams a gyflwynai'r blwch trwm hwnnw wedi gwrando ar eraill yn annerch oherwydd 'mewn teimladau drylliedig, ceisiodd ddarllen y penillion canlynol oedd wedi eu cyfansoddi ganddo yn ystod y cyfarfod'. Ia, 'yn ystod y cyfarfod':

> *This little box is filled with gold,*
> *It comes from the men, your friends of old;*
> *We hope that you and your loving wife*
> *Will have God's Blessing all your life.'*

Yr un noson, cyflwynodd y *Ladies Aid Society* siec am gan doler arall iddo a chafodd ei wraig *"gold wrist watch"*. (Ac mae'n amlwg fod y Gymraeg yn dechrau treio o'r eglwysi erbyn hyn.) Roedd Cymdeithas y Bobl Ieuainc eisoes wedi anrhegu'r ddau, ar drothwy'r Nadolig, â darn ugain doler aur yr un.

Beth bynnag am gasglu cyfoeth y fo, hyd y gwela i, oedd un o'r ychydig weinidogion o Gymru a lwyddodd i weinidogaethu yn y Merica heb fagu fawr ddim plu academaidd. Mae hi'n anodd meddwl am unrhyw weinidog arall a lafuriodd yn y wlad well am gyfnod mor hir a marw heb gael 'Doctor' o flaen ei enw. Fel y nodais, cafodd R. Lewis Jones un ac roedd hi'n gynffon a ysgydwai gyda balchder. Y stori a dadogid am 'Yncl Robat' oedd – ond yn fwy fel cyfrwng difyrrwch wrth gwrs nag unrhyw wir – mai'r dewis a gafodd oddi ar law ryw brifysgol neu'i gilydd oedd doethuriaeth neu ambarél. Ei ddewis oedd yr ambarél. Dyna fo, i 'Yncl Robat Merica' hwyrach bod cadw'i draed yn sych a'i braidd yn gysurus, a cheisio'r colledig, yn bwysicach na magu cynffon. At ei gilydd, pobl felly oedd 'teulu'r awen brudd', ac mi rydw i'n fwy na balch o hynny, a mawr ydi fy nyled iddyn nhw.

4. 'YR HEN SIÔN GWERTHYR 'NA'

Fy modryb Lisi, y chwaer agosaf at mam, a'm siarsiodd i beidio ag ymhél â hanes 'yr hen Siôn Gwerthyr 'na' – chwedl hithau. Un felly oedd hi wrth natur; fawr flewyn ar y tafod ond calon gynnes a dwylo caredig ryfeddol. Roedd y ddwy, mam a hithau, yn debyg iawn i'w gilydd, ar wahân i'w dull o gadw trefn ar blant hwyrach. Arfer mam oedd gweiddi 'paid' ganwaith drosodd, a'r 'paid' hwnnw'n disgyn ar glustiau byddarach bob tro; arfer modryb Lisi, mae'n debyg, oedd estyn am y cadach llestri yn gyntaf a gweiddi 'paid' wedi i hwnnw lapio am gorn gwddw pwy bynnag a fyddai wedi troseddu. Afraid ydi deud bod yr ail ddull yn llawer mwy effeithiol a pharhaol ei ddylanwad na'r cyntaf. Ond yn ôl at rybudd modryb Lisi ac i

58. Modryb Lisi a f'ewyrth Bob, Elizabeth a Robert Jones, ar ynys Môn. Llun a dynnwyd yn 1959 ym mhriodas eu mab fenga, Peredur, a'i wraig, Menna. Bu modryb Lisi farw yn 1975 yn 86 oed ond cafodd ei gŵr fyw i fod yn 92.

gael y stori o'i chwr. Meddai hi, 'Bob tro, o hyn ymlaen, y byddi di'n yngan ei enw fo cofia ychwanegu nad oedd yr hen sglyfaeth yn perthyn dim dafn o waed i ni!'

Rywbryd yn niwedd y chwedegau oedd hi a finnau wedi galw yn y Derlwyn, Abersoch, i weld f'ewyrth Bob a hithau. Ar y pryd, roedd gen i bwt o sgwrs ar gerdded yn sôn am filltir sgwâr fy magwraeth ym mhlwy Llanengan ond yn cyfeirio'n fwy penodol at gartrefi a chymeriadau ardal Llangian a oedd yn rhan o'r un plwy. Yn wir, 'Milltir Sgwâr' oedd testun y sgwrs honno. A chan fod Gwerthyr oddi mewn i ffiniau'r filltir y cyfeiriwn ati, a bod yna chwedlau am y Siôn a drigai yno wedi goroesi, roedd hi'n arfer gen i i grybwyll y dyn a'r lle. Dim llawer mwy na hynny. A dyna'r pryd y ces i fy nal mewn deufor-gyfarfod.

'Rŵan, ydi hi'n wir dy fod ti'n mynd o gwmpas yr ardal 'ma yn sôn am yr hen Siôn Gwerthyr 'na?' meddai modryb Lisi, yn gosod cwestiwn arweiniol, fel y bydd bargyfreithwyr llwyddiannus.

'Bydda, mi fydda' i'n cyfeirio ato fo, weithiau,' a cheisio swnio'n ddidaro, 'wrth fynd heibio, fel petai.'

'Felly ro'n i wedi clywad. Wel, nei di un gymwynas i mi?'

'Cymwynas?' ac roedd cais felly'n gyrru dyn oddi ar ei echel braidd. 'Y . . . gnaf.'

A dyna'r foment y daeth y rhybudd imi gofio ychwanegu, pryd bynnag y clywid ei enw, nad oedd 'yr hen sglyfaeth' yn perthyn i deulu mam.

Dw i ddim yn cofio erbyn hyn a fu imi roi fy ngair iddi ai peidio ond addewid dyn mewn diod a fyddai peth felly wedi bod a finnau heb wybod y stori i gyd. Y drwg oedd, fod rhybudd fel'na yn magu cywreinrwydd ac yn peri i ddyn ofyn cwestiynau. Pa golli pedolau a fu yn hanes 'yr hen Siôn Gwerthyr 'na' i beri i modryb Lisi fynnu'i ddiarddel o gwlwm y teulu? A chymryd ei fod o'n perthyn? A pha ddafn gwaed a barodd i rai mae'n amlwg, rywbryd, honni fod perthynas? Oedd yna esgyrn yn y cwpwrdd wedi'r cwbl?

Oedd, a deud y gwir, esgyrn lawer. Mae'n well imi egluro fod John Thomas, Siôn Gwerthyr, wedi'i eni yn niwedd y ddeunawfed ganrif ac wedi'i eni, i bob golwg, o dan seren ddigon ffodus. I brofi'r pwynt, mae gen i gopi o ewyllys ei dad o, Thomas Jones, wedi'i ddyddio'r trydydd dydd ar ddeg o Fehefin un wyth dim tri. Mae'n penodi'i wraig, Jane Owen, yn ysgutor ac yn neilltuo ar achlysur ei farwolaeth symiau anrhydeddus o 'arian cyfreithlon Lloegr' i'w ferched, ac i'w wraig – ond heb enwi'i fab, Siôn. Ond pan fu'r tad farw, bron i dair blynedd yn ddiweddarach, fe etifeddodd Siôn eiddo gwerth yn agos i ganpunt. Ffortiwn fach, a deud y gwir, yn yr oes ddifeillion honno. Yn ôl y darn papur, roedd y stoc yn cynnwys pedair buwch, dwy o heffrod, tri llo a thri o geffylau, pedair dafad ar ddeg, pedwar mochyn, tatws, tair hobaid o wair ac offer at waith ffarm. Ond yr etifeddiaeth fwyaf gwerthfawr wrth gwrs oedd Gwerthyr ei hun, y tŷ ffarm, ei diroedd a'r mân ddyddynnod a oedd yn rhan o'r stad. Ar y pryd, roedd Gwerthyr yn ffermdy sylweddol a hynafiaid Siôn wedi byw yn y tŷ ffarm hwnnw am o leiaf ddau gan mlynedd a thrin a phori'r ffriddoedd a'r rhostir a'i hamgylchynai.

Ond roedd o hefyd yn etifeddu darn bach o wlad ag iddi hanes. Dwn i ddim a oedd y Siôn ifanc yn ymwybodol o hynny ai peidio; yn sicr doedd o ddim i wybod y byddai yntau a'i dreialon yn rhan o'r hanes hwnnw cyn pen dim amser. Ond roedd Gwerthyr, nid yn unig yn enw ar y tŷ ffarm ond yn enw ar ardal yn ogystal. Hyd at y flwyddyn dyngedfennol honno, un dau wyth dau, pan gollodd Llywelyn ei ben a'r wladwriaeth Gymreig ei choron, roedd Gwerthyr a'i diroedd yn eiddo i Dywysogion Gwynedd. Wedyn fe aeth i ddwylo rhai o frenhinoedd Lloegr cyn i ryfeloedd Glyndŵr yrru pethau ar chwâl.

Erbyn plentyndod Siôn roedd y map wedi newid eto. Dwn i ddim a welodd o yr eglwys a oedd yno unwaith – eglwys *Ewarthere* neu Gapel Gwerthyr – a honno'n dyddio'n ôl i ganol y drydedd ganrif ar ddeg, neu'r

59. Capel Newydd, Nanhoron – hen Dŷ Cwrdd sy'n dyddio'n ôl i'r ddeunawfed ganrif – dros y ffordd i'r fan lle safai Capel Gwerthyr unwaith. Fe'i codwyd saith i wyth mlynedd cyn geni John Thomas. Dwn i ddim a oedd a wnelo teulu Gwerthyr unrhyw beth â'r achos yno. Fe'i hanfarwolwyd gan Cynan yn ei gerdd 'Capel Nanhoron', er mai'r gwir ydi nad i'r adeilad hwn y canwyd hi'n wreiddiol.

felin a oedd yn mynd yn ôl i'r bedwaredd ganrif ar ddeg? Yr oedd yno hefyd, meddid, fynwent a ffynnon wyrthiol. A fu i Siôn erioed ddrachtio o'r dŵr gwyrthiol hwnnw, dwn i ddim? Os do, does yna ddim cownt i hwnnw ddwyn unrhyw fendith iddo. Ond rhoi'r drol o flaen y ceffyl ydi manylu ar hyn o bryd. Mi wn i fod yr eglwys (a'r felin mae'n debyg) wedi diflannu, garreg wrth garreg, erbyn i'r teithiwr sylwgar hwnnw, Edmund Hyde Hall, alw heibio'r fan ar ddiwedd degawd cyntaf y bedwaredd ganrif ar bymtheg: '. . . *I saw nothing, for "etiam perire ruinae" – the materials had been carried off.*' Ac mae hi'n anodd meddwl am ddinistr mwy llwyr na hynny.

Gan fod tir Gwerthyr yn ffinio am y lôn bost â thir fy hen gartref i, Llwyn Onn – neu Lôn Dywyll a chadw at enw'r hen dŷ – roedd o'n lle i blentyn fynd i browlan ar ei feic. Ond heb ganiatâd wrth gwrs. Y ddau le a'n hudai ni'n blant, y ddau o fewn cyrraedd hwylus i feic, a'r ddau'n furddunod, oedd Plas Llandygwning ac adfeilion Gwerthyr. Y coed noethion a'r brain gorffwyll a nythai ar eu topiau a roddai'r ias inni yn Llandygwning a pheri i mi, o leiaf, beidio â loetran yno'n hir. Roedd yna rywbeth yn fwganllyd o

60. Wedi galw yn Llwyn Onn, lle y'm magwyd – neu Lôn Dywyll a chadw at enw'r hen dŷ – yn ffinio am y lôn bost a thiroedd Gwerthyr. Iola a Chris Blackburn, dau o Lŷn, sy'n byw yno erbyn hyn. Yn yr hen dŷ yr addolai Anghydffurfwyr cynnar Llŷn cyn codi'r Capel Newydd gerllaw. Oedodd hen goel mai oherwydd tywyllu'r ffenestri adeg addoli y'i galwyd yn Lôn Dywyll. Mae'n debycach lawer mai'r dirwedd a roes iddo'r enw; arweiniai llwybr tywyll, digon bwganllyd, at safle'r hen dŷ.

gwmpas adfeilion Gwerthyr hefyd, yn feudy unig ar ganol darn o dir agored allan o gyrraedd y lôn bost. O'r herwydd, doedd Gwerthyr chwaith ddim yn lle i ymdroi ynddo'n ormodol. Hwyrach mai gwybod bod yna esgyrn y meirw yn union o dan ein traed ni a barai i'r gwaed lifo'n oer. Eto, o gofio siars daer fy modryb Lisi hwyrach bod yna fwy iddi na hynny. O wybod be sy'n wybyddus imi heddiw gallwn fod wedi tybio mai ysbryd Siôn oedd yno, 'yr hen sglyfaeth', yn crwydro rhwng deufyd ac yn awyddus i ddŵad i berthynas ag un o'i ddisgynyddion – tybiedig!

Ac yntau ar droi'i ddeg ar hugain oed, roedd John Thomas yn ymddangos yn ŵr ifanc ffodus. Fel yr hynaf o chwech o blant y fo a sicrhaodd yr etifeddiaeth. Dyma fo, felly, yn barod i warchod tir y bu ei dylwyth yn ei drin am o leiaf bum cenhedlaeth – aceri lawer ohono a chlandro oddi wrth swm y dreth tir a hawlid – ac un a oedd yn ddigon ifanc i sicrhau y byddai'r teulu'n goroesi am o leiaf genhedlaeth arall. Yn anffodus, mae gweddill yr hanes yn sôn am ofer esgeulustod a thir ladrad, gorthrwm ac erledigaeth, am gymydog-o-uffern ac o bosibl lofruddiaeth. Ia, llofruddiaeth.

Cymdogion teulu Gwerthyr gydol y blynyddoedd oedd Edwardiaid Plas Nanhoron. Y Sgweier pan anwyd Siôn oedd y Capten Timothy Edwards. Ar y pryd, roedd Timothy gartref ar seibiant hir o'r môr. Ar sgowt, aeth draw i Lundain a phrynu copi o un o feiblau uchelwyr y cyfnod, *Hints to Gentlemen of Landed Property*, Nathaniel Kent, a dechrau ufuddhau i orchmynion y gyfrol honno. Aeth ati i orchuddio Dyffryn Nanhoron â choed.

Ugain mlynedd a mwy wedi marw Capten Timothy aeth ei fab, Richard, ati i gwblhau breuddwyd ei dad a chodi plasty newydd. Yn ôl y sôn, roedd yr hen dŷ – a dim ond gweddillion un darn o fur a oroesodd – yn llawn trychfilod ac yn nefoedd i lygod. Roedd Richard Edwards yn Gyrnol ym Milisia'r Sir, yn Ynad Heddwch ac yn Gadeirydd

61. Capten Timothy Edwards.
O'r paentiad olew sydd ym Mhlas Nanhoron.

85

i'r Llys Chwarter; gŵr, mae'n amlwg, a gredai mewn cyfraith a threfn. Roedd Siôn ac yntau tua'r un oed â'i gilydd, ac wedi'u magu o fewn tafliad carreg i'w gilydd, ond bod y ddwy fagwraeth, yn naturiol, yn dra gwahanol. Mae carreg goffa Richard Edwards, a'i briod Annabella, yn eglwys blwy Llangian yn honni i'r ddau ennyn 'parch cyffredinol' a bod galar y tlodion ar eu holau lawn cymaint â galar y teulu. Fe'u disgrifir fel y 'cymwynaswyr caredicaf'. Gan mai eu mab a drefnodd i osod y garreg honno diau fod mymryn o ormodiaith yn y folawd.

Ond yn nyddiau'r mab hwnnw, Richard Lloyd Edwards, yr aeth hi yn Gorea rhwng Nanhoron a Gwerthyr. Eto, yn ei gyfrol *Enwogion Sir Gaernarfon*, roedd Myrddin Fardd am i ddyn gredu fod Lloyd Edwards yr 'enghraifft berffeithiaf o hen fonheddwr Cymreig': 'Fel meistr tir yr oedd yn ddiarhebol am ei dynerwch at ei ddeiliaid, ym mhlith y rhai y trigiannai mewn heddwch'. (Ond nid dyna'r stori lle'r oedd Siôn Gwerthyr yn y cwestiwn.) Oherwydd ei faint, fel 'Llwyd Fawr' y cyfeiriai'r werin ato a hynny gydag anwyldeb meddid. Meddai Pedrog, wrth sôn am ei fawrdra, yn ei hunangofiant lliwgar, *Stori 'Mywyd*: 'Ni welais i erioed ddyn o'r fath daldra a thewdwr a chymesuredd. Yr oedd ei lais fel taran.' Roedd Pedrog, y bardd a'r gweinidog wedyn, yn galw yno ar negesau pan oedd o'n brentis o arddwr ym Mhlas Gelliwig, gerllaw.

Pan o'n i'n blentyn rhaid bod yna un neu ddau a oedd yn ddigon hen i'w gofio ac yn sicr roedd yna ddigon o bobl yn fyw a glywodd amdano oddi ar law eu rhieni ac roedd sawl chwedl am ei ddiniweidrwydd a'i natur dda wedi goroesi. Fe'i hystyrid yn gymeriad rhadlon a charedig – os fymryn yn ecsentrig. Un o gymwynasau Richard Lloyd Edwards oedd adeiladu ffordd

62. Mynwent Cathcart's Hill lle ceir bedd Richard Lloyd Edwards, y mab. Daw'r llun o gyfrol eithriadol brin sydd ym Mhlas Nanhoron, *The Last of the Brave or Resting Places of our Fallen Heroes in Crimea and at Scutari*, a gyhoeddwyd gan Ackermann a'i Gwmni, Llundain, mor gynnar ag 1857.

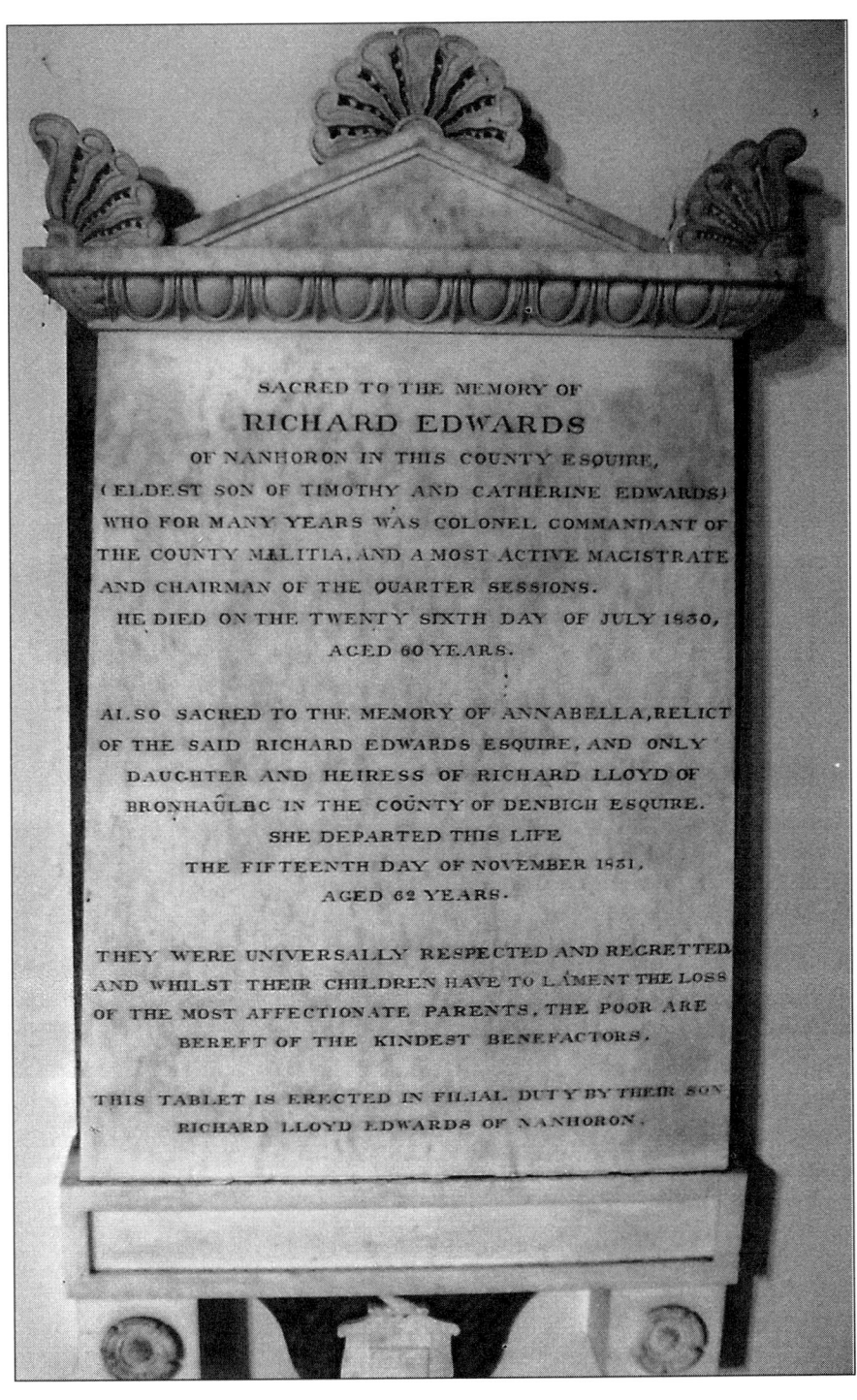

> SACRED TO THE MEMORY OF
> **RICHARD EDWARDS**
> OF NANHORON IN THIS COUNTY ESQUIRE,
> (ELDEST SON OF TIMOTHY AND CATHERINE EDWARDS)
> WHO FOR MANY YEARS WAS COLONEL COMMANDANT OF
> THE COUNTY MILITIA, AND A MOST ACTIVE MAGISTRATE
> AND CHAIRMAN OF THE QUARTER SESSIONS.
> HE DIED ON THE TWENTY SIXTH DAY OF JULY 1830,
> AGED 60 YEARS.
>
> ALSO SACRED TO THE MEMORY OF ANNABELLA, RELICT
> OF THE SAID RICHARD EDWARDS ESQUIRE, AND ONLY
> DAUGHTER AND HEIRESS OF RICHARD LLOYD OF
> BRONHAULBC IN THE COUNTY OF DENBIGH ESQUIRE.
> SHE DEPARTED THIS LIFE
> THE FIFTEENTH DAY OF NOVEMBER 1831,
> AGED 62 YEARS.
>
> THEY WERE UNIVERSALLY RESPECTED AND REGRETTED,
> AND WHILST THEIR CHILDREN HAVE TO LAMENT THE LOSS
> OF THE MOST AFFECTIONATE PARENTS, THE POOR ARE
> BEREFT OF THE KINDEST BENEFACTORS.
>
> THIS TABLET IS ERECTED IN FILIAL DUTY BY THEIR SON
> RICHARD LLOYD EDWARDS OF NANHORON.

63. Y garreg goffa. Gan mai eu mab, fel y gwelir, a drefnodd i osod y garreg honno diau fod mymryn o ormodiaith yn y folawd.

ysgafnach i fynd o Nanhoron i gyfeiriad Pwllheli a'i chyflwyno'n rhodd i'r Cyngor Sir. Ond cymwynas yn codi oddi ar brofedigaeth oedd hi. Fe'i hadeiladwyd i gofio ei fab hynaf, a oedd o'r un enw â'i dad, a laddwyd yn un o frwydrau Rhyfel y Crimea yn un wyth pump pump.

Medrai'r Gymraeg ac mae'n amlwg y siaradai'r iaith honno gyda'i gymdogion a'i gydnabod. Prynai Lloyd Edwards gopïau o lyfrau Cymraeg gan danysgrifio ymlaen llaw i hybu eu cyhoeddi. Yn wir, ar adeg penodi Prif Gwnstabl newydd i Sir Gaernarfon a'r Ynadon yn dadlau nad oedd medru'r Gymraeg yn hanfodol anghytunodd Sgweier Nanhoron â hynny, dadlau yn erbyn a chario'r dydd. Roedd hynny yn un wyth pump saith! Ond, a siarad yn ffigurol, doedd yna ddim Cymraeg rhwng Llwyd Fawr a John Thomas. Eto, os byddai yna weithiau siarad rhwng y ddau – yn llythrennol felly – Cymraeg fyddai'r iaith honno wedi bod.

Fel gyda chychwyn pob rhyfel bron, tir oedd asgwrn y gynnen. Dyna, hyd y gwela i, a arweiniodd yn y diwedd at y codi dyrnau hyll a fu rhwng

64. Mary Georgiana Gough, gwraig Plas Nanhoron – a fu farw yn 1955 – yn sefyll ar fin 'Ffordd Newydd Nanhoron' – y ffordd a adeiladodd ei thaid. Wolseley o'r dauddegau ydi'r car, ond anodd dehongli beth oedd yr amgylchiad na rhoi dyddiad i'r llun. Dic, mab sioffyr y Plas, oedd fy ffrind ysgol ac yn ystod ei theyrnasiad treuliais oriau ar oriau yn chwarae ar y lawntiau. Gyda llaw, ceir portread ardderchog o Musus Gough, a bywyd y Plas yn nechrau'r pumdegau, yn narlith R. Gerallt Jones, *Murmur Llawer Man*, ac yn ei gyfrol *A Place in Manhood, A Boyhood in Llŷn*. Roedd Gerallt, fel mab i berson y plwy, yn freiniol. Gwylio'r cyfan o bellter diogel oedd ein rhan ni. Ar wahân i'w henw a dyddiad ei marwolaeth dau air yn unig sydd ar y gist ym mynwent Bryncroes: 'Jesu Mercy'.

65. Flynyddoedd yn ddiweddarach, pan aeth cydnabod i'r teulu i olwg y bedd ym mynwent Cathcart's Hill roedd coeden ddraenen ddu yn tyfu ar ei bwys. Torrodd hwnnw gangen o'r goeden ac wedi dychwelyd i Gymru trefnodd i droi'r pren yn ffon a'i chyflwyno i deulu Nanhoron. Betina Harden, gwraig y sgweier presennol (wedi peth perswadio arni) sy'n dal y ffon.

John Thomas a Phlas Nanhoron. Pan oedd Siôn yn ei breim y dwysaodd pethau. Dyma ddyddiau cau'r tiroedd comin – fe gaewyd tir Comin Mynytho ar y terfyn â Gwerthyr – a dyma, hefyd y cyfnod pan oedd y plasau yn ymestyn eu parciau ac yn creu rhagorach gerddi. Yn naturiol, roedd yr Edwardiaid yn bleidiol i'r cau ac i'r ymestyn. Ac o gael plasty newydd danlli, yn wynebu'r de, peth da fyddai cael tir cwbl agored o'i flaen heb na thyddyn na thwlc i dorri ar y gorwel. Yn anffodus i Siôn, roedd Gwerthyr yn sefyll yn union yn llygad Plas Nanhoron – yn fymryn o fwgwd a deud y gwir – a'r llygad hwnnw bob amser yn gwylio rhwng y cyrtenni brocêd sidan, a heibio i'r asbidistra, ac yn blysio. Yn ychwanegol, fel cymaint o fân ysweiniaid y cyfnod, credai'r Edwardiaid fod pob darn o dir yn brynadwy a bod gan bob perchennog tir ei bris. Ond buan y darganfuwyd nad oedd Siôn mor hawdd i'w brynu â hynny.

Yn un wyth dau tri, priododd Siôn â merch o'r enw Ann a benthyca bron i dri chant o bunnau i ddathlu'r achlysur hapus. Rŵan, a derbyn bod boddi priodas yn gostus yn yr oes honno, fel heddiw, mae hwn yn swm anhygoel o arian. Rhaid ei bod hi'n neithior i'w chofio, pa le bynnag y cynhaliwyd hi; y bwyd yn frasterog ryfeddol a'r cwrw'n llifo fel afon fawr, lifeiriol. Wrth gwrs, mae hi'n bosibl iawn fod prydles ar dir neu diroedd yn rhan o'r bil. Ond wrth ffureta fy ffordd drwy Bapurau Nanhoron sydd yn y Llyfrgell Genedlaethol fe ddaeth hi'n amlwg iawn i mi bod mynd i ddyled yn bechod parod a chyson i John Thomas. Wedi mynd i dwll fel hyn ar ddechrau'r daith, bwriad pawb call fyddai tynhau'r belt ac o hynny ymlaen ceisio llunio'r wadn fel bo'r troed – ond nid Siôn. Aeth hwnnw ati, a hynny gyda brwdfrydedd hyd y gwela i, i dorri mwy o dwll iddo'i hun ac un dyfnach. O hynny ymlaen, am chwarter canrif flin, mynd i fwy o ddyledion a thrymach dyledion fu'i hanes.

Un o ofnau mawr mam oedd mynd i ddyled; 'dylêd' oedd y gair yn Llŷn a'r acen grom ar y diwedd fel pe'n tanlinellu'r cywilydd a berthynai i'r fath godwm. A chymryd am foment bod yna berthynas gwaed, oedd yr ofn hwnnw'n un Freudaidd, tybed, yn gwreiddio'n ôl i ddyddiau Gwerthyr hwyrach? Perthynas teulu neu beidio, rhaid cydnabod bod yr hanes yn dangos naïfrwydd mawr ar ran Siôn Gwerthyr – naïfrwydd neu anonestrwydd

Ond, yn ogystal, mae'r stori'n dangos diawledigrwydd teulu Plas Nanhoron a'u hanonestrwydd mawr hwythau. I gadw'r blaidd o'r drws cafodd Siôn forgais gan dwrnai enwog o Gaernarfon, John Evans, Porth yr Aur, heb wybod fod yna gynghrair ddieflig rhwng hwnnw a'r Sgweier. John Evans oedd yn trosglwyddo'r arian benthyg i Siôn ond o goffrau Nanhoron roedd y rheini'n dod. Pwy a'i cynghorodd i fynd cyn belled â Chaernarfon am ei arian, does neb a ŵyr erbyn hyn – er bod gen i fy amheuon. Erbyn hyn roedd John Evans yn asiant i nifer o stadau mwya'r sir, yn frwd a dylanwadol yn y brwydrau i gau'r tiroedd comin ac ar ei elw oherwydd hynny. Petai Siôn ddim ond wedi codi'n ddigon bore, dyma'r feri dyn iddo'i osgoi.

Mae'r biliau a ddiogelwyd ym *Mhapurau Nanhoron* yn dangos fel y bu i Siôn mewn cyfnod o ddeng mlynedd fwy na dyblu'i ddyled yn hytrach na cheisio'i lleihau. I ddyfynnu o un dudalen o gyfrifon:

> *Mr Jn Thomas*
> *1826*   *To Richard Lloyd Edwards Esq*
> *July 21 Principal only mortgage of this date*   *290 . 0 . 0 .*
> *Int thereon from 21st July 1830 to 4th*
> *Sept 1838 being 8 years 1 month 14*
> *days at £5 per cent*   *117 . 15 . 0*

Erbyn cyrraedd gwaelod y dudalen mae'r ddyled yn gymaint â £768 . 14 . 11. O gofio'r cyfnod, roedd dyled fel hon yn anferth o faen melin am wddw dyn ac un anodd iawn i'w lluchio ymaith fyddwn i'n tybio.

Ond mwy na Naboth, y gwinllannwr hwnnw yn y Beibl, nid ar chwarae bach roedd perchennog Gwerthyr yn mynd i roi heibio 'treftadaeth ei hynafiaid'- yn arbennig felly i 'Llwyd Fawr' o bawb. Barn y cyfreithiwr oedd y byddai'n well gan Siôn roi'r ffarm a'r tiroedd am ddim i rywun na

66. Yr hyn sy'n weddill o Gwerthyr gyda phlasdy Nanhoron ar y dde, yn swatio yn y cefndir. Roedd ardal Gwerthyr, unwaith, yn fro o ffermydd a mân dyddynnod ac iddyn nhw enwau tlysion ryfeddol megis Tyddyn Robin, Tyddyn Cae yng Ngwerthyr a Gwag y Noe – i enwi rhai. Ymhlith tenantiaid yr ardal roedd yna grydd a saer, teiliwr, cowper a gweision ffermydd.

bod Nanhoron yn cael y meddiant. Yn wir, aeth Siôn ati i roi cymaint o lo ar y tân ag oedd yn bosibl – yn llythrennol felly – a suro'r berthynas fwy fyth. Pan fyddai'r gwynt o gyfeiriad Trwyn Cilan, roedd hi'n arfer gan John Thomas gynnau tân ymhob grât posibl fel bod y mwg yn mynd allan drwy bob simdde a berthynai i'r adeilad ac yn dolennu'i ffordd i gyfeiriad Plas Nanhoron. Serch bod copi o fap y degwm o 'mlaen i mae hi'n anodd gwybod yn union pa mor agos oedd y ddau le i'w gilydd. Ond pan fydd y gwynt o'r cyfeiriad iawn, y grym iawn tu cefn iddo a'r taniwr yn gwybod yn burion pa ffaglau sy'n debyg o achosi'r mwg duaf fe all colofn o fwg trwm gerdded ymhell iawn. Pan gyhoeddodd Eurwyn Wiliam yr hanes mewn rhifyn o'r *Country Quest* yn niwedd y chwedegau y pennawd oedd 'He wanted to hear the squire cough'. Oedd y ddau le o fewn hyd pesychiad sy'n gwestiwn arall? Mae rhywbeth yn gartwnaidd yn y syniad o'r dyledwr, Siôn, yn ei gynddaredd, yn stocio'r tanau i'r eithaf a 'Llwyd Fawr' yn ymladd llawn cymaint am ei anadl ag am y llogau ar yr arian benthyg.

Ond o roi arian allan ar fenthyg rhaid i rywun gasglu'r llogau ac adfer y cyfalaf ddydd a ddaw. Gŵr o'r enw Guto Page – cyfenw digon cyffredin yn Llŷn unwaith – oedd y beili pan oedd Siôn mewn dormach. Fe'i gorfodid i alw yn Gwerthyr yn achlysurol i weld a oedd yna unrhyw newid yn amgylchiadau'r dyledwr ac, os nad oedd, darllen y ddeddf derfysg iddo. Pwy a ŵyr, hwyrach bod y twrnai'n pwyso ar gefn y bwmbeili a Richard Lloyd Edwards, wedyn, yn pwyso ar gefn y twrnai? Ta waeth, mae'r hanes ar ddu a gwyn am Guto Page yn galw yn Gwerthyr ar ei daith gasglu ac yn cael croeso ar y dechrau. Byddai'n ychwanegiad at y stori i gredu'i bod hi'n noson dywyll, fwganllyd.

'Welodd neb mohonot ti yn dŵad yma heno, yn naddo machgan i?' holodd Siôn.

'Naddo neb, hyd y gwn i,' meddai'r beili'n ddidaro, heb weld ergyd y cwestiwn.

'Myn diawl, cau'r drws Nani,' meddai Siôn wrth ei wraig, 'wêl neb mohonot ti yn mynd o'ma chwaith. Lle mae'r glifar?' A bwyell i dorri cig oedd honno.

Ond yn ôl yr hanes, roedd Guto wedi hel ei draed cyn bod neb wedi cael amser i gau'r drws heb sôn am ei gloi.

Stori fel'na a barodd i mi amau am y tro cyntaf fod posibiliadau llofrudd yn Siôn yn ogystal â drwg-ddyledwr. Ond dyna fo, hwyrach mai anifail wedi'i yrru i gongl oedd o a phob drws ymwared wedi cau yn ei hanes yntau.

Serch i Richard Edwards gael ei ganmol gan ei fab, fel un a oedd fel tad i dlodion, ac i'r mab hwnnw wedyn, 'Llwyd Fawr', gael ei ddisgrifio fel 'bonheddwr rhadlon' mae llythyrau'r twrnai o Gaernarfon yn profi'n wahanol iawn. Yn wir, mae'r llythyrau'n tanlinellu'n amlwg mai Richard Edwards ei hun, ac nid y cyfreithiwr, a feddyliodd am y cynllwyn a'r twrnai wedyn yn trefnu i ladrata genedigaeth fraint yr hen Siôn am ei ddysgaid o gawl ffacbys. Felly, yn ddiarwybod i Siôn, Richard Edwards oedd yn rhoi'r arian ac yntau, druan, fel y gwelwyd, yn talu pumpunt o log ar bob cant a fenthycid. O gofio bod Richard Edwards yn fab i'r Catherine Edwards honno a fu ar 'ffordd Damascus', ac a âi o gwmpas Sir Gaernarfon mewn car a cheffyl i wrando pregethau, mae'n syn iddo syrthio mor isel â hyn.

I brofi'r pwynt, dyma ddyfyniadau o lythyr a anfonodd John Evans at Richard Edwards, yn un wyth dau chwech, yn amlinellu'r cynllwyn:

> Dear Sir,
>
> I have now got John Thomas of Gwerthyr and all his title deed in my net. I do not much like taking such Fish, but as his land is a great object to you . . . I may become King of his Sovereigns. He now wants £300 as the first loan. I will advance it in my own name. If you wish to advance him [m]oney you may depend on my assisting you to become the purchaser at last but it must be kept a secret that you have anything to say to the mortgage . . .

Mewn llythyr arall, mae John Evans yn hysbysu'r Sgweier ei fod wedi trosglwyddo gweithredodd Gwerthyr i ofal y banc. O hyn ymlaen, Plas Nanhoron oedd i dderbyn llogau ar yr arian a fenthyciwyd a rhenti'r

67. Catherine Edwards. Eto, llun ym Mhlas Nanhoron. Gwnaeth gryn enw iddi'i hun ar sail tröedigaeth lachar a gafodd ym Mhortsmouth, fel y tybir, yn haf 1780. Wedi mynd yno roedd hi i gyfarfod ei gŵr, Capten Timothy, a oedd yn dychwelyd o'r môr wedi bod yn ymladd yn erbyn Llynges Ffrainc yn India'r Gorllewin. Yn ddiarwybod iddi hi, roedd o eisoes wedi marw ar y cefnfor. Hon, wedi'i thröedigaeth, oedd y wraig a wnaeth gymaint i hyrwyddo achos yr Annibynwyr yn y Capel Newydd.

tyddynnod a berthynai i Gwerthyr. Daw'r llythyr hwn eto i ben, fel rhai eraill, gyda'r cyfarchion siriol: 'I have the honour to be Dear Sir Your most obt servant J Evans'. Ac felly, fesul benthyciad, diflannodd y tyddynnod a berthynai i Gwerthyr, y tir a'i hamgylchynai ac yn y diwedd Gwerthyr ei hun, a chafodd Nanhoron y parc a chwenychid. Oes ryfedd i Dwm o'r Nant, hanner can mlynedd ynghynt, geryddu eu tebyg ac i Ellis Wynne, cyn hynny, eu fforchio i uffern?

Ond nid mynd i ddyledion oedd y pechod a barai i fy modryb Lisi rempio Siôn mor ddidrugaredd a'i alltudio mor bendant o gwlwm y teulu. Fel mam i bedwar o blant yn y dauddegau tlawd fe wyddai hi cystal â neb beth oedd gorfod byw o'r llaw i'r genau ac mor hawdd oedd i ddyn syrthio i ddyled. Na, roedd yna fwy iddi na hynny.

Dros flynyddoedd bu William Roberts, Efail Rhydgaled, gof lleol, wrthi'n ddiwyd yn casglu hanes a thraddodiadau ardal Nanhoron – yn arbennig hanes crefydd yn y fro. Yna, yn nechrau'r pumdegau, fe'u cyhoeddodd yn gyfrol, *Hynafiaeth a Chrefydd*, ac roedd pedigri John Thomas yn honno, ar ddu a gwyn. Yn naturiol, pan oedd William Roberts yn blentyn roedd y cof am Siôn a'i gastiau yn fyw iawn yn y fro, a'i dad, o bosibl, yn ei gofio. Cofnododd yntau'r hanesion amdano a'u cynnwys yn y gyfrol – er mawr annifyrrwch, mae'n ddiamau, i deulu mam. O ddarllen y gyfrol, mae'n amlwg bod pechodau'r cnawd yn demtasiwn barod i Siôn Gwerthyr, yn gymaint os nad mwy na syrthio i ddyledion. Mae'r ddau wendid yn medru cydredeg â'i gilydd. O wybod am ei gwerthoedd hi a'i theulu, hwnnw a fyddai'r pechod a flinai fy modryb Lisi – yn fwy felly na'r mynd i ddyled. O'r herwydd, roedd y gair 'sglyfaeth' yn ffitio'r senario i drwch y blewyn.

Cyfeiriais yn barod at ei briodas ag Ann; hi mae'n ddiamau oedd y 'Nani' a gafodd orchymyn i gau'r drws ac estyn am y fwyell gig. Ond serch y gwario gwyllt adeg y briodas, neu o'i herwydd hwyrach, mae William Roberts yn awgrymu nad oedd byw hapus iawn rhwng Siôn ac Ann. Yn wir, fe aeth hi'n gymaint o ffradach rhwng y ddau unwaith fel y bu i Siôn droi'i wraig allan i'r nos ac i grwydro'r rhostir i chwilio am loches. Ar y pryd, roedd yna nifer o ddyddynnod wrth law iddi fedru troi i mewn iddynt, pe byddai'n dymuno hynny a hwyrach fod ganddi deulu yn y fro a fyddai wedi bod yn barod i agor drws iddi. Ond wedi bod oddi cartref am gyfnod go hir penderfynodd 'Nani' geisio ailgynnau'r fflam ar yr hen aelwyd. Yr awgrym ydi iddi ddychwelyd o lech i lwyn, yn bwyllog, a galw yma ac acw i geisio darganfod pa fath groeso a fyddai yn ei haros. Y ddinas noddfa olaf iddi ar y daith yn ôl oedd Nanhoron Isaf lle'r oedd John Jones, y saer, a'i wraig yn byw. O gofio am y 'fwyell gig', perswadiwyd John Jones i fynd cyn belled â Gwerthyr i weld sut roedd y gwynt yn chwythu. Rhaid bod y corwynt wedi gostegu peth oherwydd, yn ôl yr hanes, cafodd Ann Thomas ddychwelyd i'w hen aelwyd. Y gred ydi fod absenoldeb, bob amser, yn cynhesu'r galon. Hwyrach i hynny ddigwydd yn hanes Siôn, ond nid tuag at ei wraig mae gen i ofn. Yn ystod absenoldeb 'Nani' aeth yn gyfeillgar gyda'r forwyn – hwyrach bod peth tân wedi'i gynnau cyn iddo droi'i wraig allan i bori – a phan ddychwelodd hi i'w haelwyd roedd yr amgylchiadau wedi newid.

A dal i gymryd bod perthynas teulu, hwyrach mai rhoi pen ar y mwdl fan hyn a fyddai fwyaf gweddus imi. Yn un peth, mae'r hanes yn mynd o ddrwg i waeth. Ond yn fwy na hynny, er chwilio a chwalu mae hi'n amhosibl cadarnhau ffeithiau'r naill ffordd na'r llall – fy unig garn i ydi atgofion William Roberts yn ei gyfrol a theimladau briw fy modryb Lisi. Ond y sôn ydi i Siôn a'r forwyn, yng ngwres eu carwriaeth newydd, benderfynu y byddai'n rhaid cael gwared â 'Nani' ryw ffordd neu'i gilydd. Hi, bellach, oedd y gwybedyn yn yr ennaint. Nid bod y ddilema'n un newydd o bell ffordd; bu'n achos sawl llofruddiaeth, cynt ac wedi hynny, ac yn thema hwylus i sawl nofelig yn oes Victoria. Y cynllun y trawyd arno, nid bod hwnnw'n un cwbl wreiddiol chwaith, oedd rhoi gwenwyn mewn crempog. Hwyrach bod 'Nani' yn sgit am grempog am ddim a wn i. Ond a fu i'r gwenwyn wneud ei waith sy'n gwestiwn arall? Yn ffodus, o safbwynt enw da Siôn (hynny a oedd yn weddill), bu'n anodd profi dim i unrhyw gyfeiriad. Wedi awgrymu'r posibilrwydd i'r grempog wneud ei gwaith mae William Roberts yn gwrthod datgan yn bendant o'r naill ochr na'r llall. I ymchwilydd hanes ail ddosbarth fel fi roedd y gair 'crempog' yn mynd i awgrymu mai ar ryw Fawrth Ynyd neu'i gilydd y bu'r cynllwynio. Ond er chwilio cofnodion marwolaethau yn y fro ac adroddiadau cwestau'r cyfnod ddois i ddim ar draws yr un Ann o'r plwy a fu farw'n annisgwyl yn fuan wedi Dydd Mawrth Crempog. Yn ôl William Roberts eto, wedi i Ann farw – pryd bynnag y bu hynny – âi pethau o ddrwg i waeth wedyn rhwng Siôn a'r forwyn:

> 'P'run bynnag a gaed gwared ai peidio â'r hen wraig ni byddai pethau yn llyfn iawn ar adegau rhwng Siôn a'r forwyn chwaith; ac ar adegau felly pan fyddai'r ddau wedi ffraeo troai Siôn at y forwyn a gofyn: "Pwy wnaeth y grempog?" Atebai hithau yn finiog yn ôl – "Pwy rôth beth ynddi?" Yr oedd hyn cystal â dweud bod yn bryd i'r ddau dewi.'

A chaniatáu am eiliad i lofruddiaeth ddigwydd, o ran yr ychydig dystiolaeth sydd ar gael byddai'n anodd ryfeddol i unrhyw lys barn benderfynu pwy i'w yrru i'r crocbren – prun ai Siôn neu'i forwyn.

'Llwyd Fawr', yn sgweier ifanc talgryf, pedair ar hugain oed, a droes John Thomas o'i gartref. Erbyn hynny, roedd Siôn yn ddyled byw a dim llwybr ymwared yn agored iddo. Oherwydd y mynych fenthyciadau, a dim ymdrech i'w lleihau nac i dalu'n ôl, cyn canol y ganrif Nanhoron oedd piau Gwerthyr a'r tyddynnod a berthynai i'r stad. Ond roedd sgweier Gwerthyr, hefyd, wedi dal ei dir am dros ugain mlynedd a bellach yn ŵr a gyrhaeddodd oed yr addewid. Erbyn hynny roedd Richard Edwards yn ei fedd ers pymtheng mlynedd – wedi marw cyn meddiannu'r winllan. Ond cyfaddawd fu hi yn y diwedd. Ac mae'n ddiamau gen i mai natur dda'r sgweier ifanc a wnaeth hynny'n bosibl. Do, fe gafodd Plas Nanhoron y tir a enillwyd drwy dwyll ond, a bod yn deg, chafodd Siôn chwaith mo'i daflu ar y clwt.

Rywbryd tua chanol y pedwardegau cytunwyd i ffeirio stad fechan Gwerthyr am ffarm hanner can erw o'r enw Cae Du sydd ar godiad braf uwchben bae Abersoch. Fe fûm i sawl tro yn dychmygu'r mudo gorfodol hwnnw. O ddewis ffordd go union byddai Siôn, ei stoc a'i gelfi wedi mynd heibio i fy hen gartref i. Dwn i ddim faint o gelfi a fyddai ganddo erbyn hynny na faint o stoc chwaith o gofio'i amgylchiadau. Wedi mynd heibio Barrach Fawr, y ffarm a oedd am y terfyn â ni, byddai bownd o unioni'i ffordd am bentref Llangian, yna rhydio afon Soch cyn cyrraedd Llanengan a dringo dros Fron Gaer, mae'n debyg, ac i lawr am Gae Du. Pa lwybr

68. Cae Du, ffarm 'ar godiad braf uwch bae Abersoch', a'r hen dŷ i bob golwg heb newid llawer. David Richards, y taid, sydd ar y chwith gyda'r ci wrth ei ystlys, yna Mary, Griffith a David.

bynnag a gymrodd, cwta dair milltir o daith a fyddai hi wedi bod. Go brin felly iddo drafferthu i roi gwadnau tar o dan draed y gwyddau, beth bynnag am glipio'u hadenydd, na phedoli'r gwartheg. Taith diwrnod Sabath oedd hi ar y gorau; hwyrach mai'r mudo yn y meddwl oedd y mwyaf anodd.

Ond mae'n fwy anodd fyth i geisio dyfalu pwy oedd ei gwmni ar ben y drol, neu ar ei llorpiau, y dydd mudo hwnnw. Yn ôl y Cyfrifiad, yn un wyth pedwar un roedd John Thomas yn dal yn Gwerthyr, yn ŵr gweddw hanner cant a phump oed a chanddo un forwyn ffarm ddeg ar hugain oed o'r enw Elizabeth Roberts. Heb unrhyw braw o hynny fyddwn i ddim am eiliad yn mentro awgrymu mai hon oedd y forwyn gariadus a gymysgodd y grempog. Annheg a fyddai hynny. Yn wir, o gofio amgylchiadau ariannol John Thomas a'i nwydau, hwyrach i nifer o forynion gyflogi yn Gwerthyr, heb wybod yn wahanol, a gadael cyn pen tymor.

Roedd yna draddodiad yn ein teulu ni i Siôn a'i wraig roi cartref i ddau o blant amddifad, Mary a Robert, ac mai yn Gwerthyr y magwyd y ddau. Does gen i ddim lle i amau geirwiredd y traddodiad hwnnw ond, chwaith, does gen i ddim ar ddu a gwyn i brofi hynny. Ond i wneud y pwll yn futrach fyth, roedd y teulu'n tystio'n bendant i Siôn briodi Mary, ei ferch fabwysiedig, cyn diwedd ei oes ac mai honno oedd nain fy modryb Lisi a'm hen nain innau. Ar y nawfed o Ragfyr un wyth pump tri y bu'r briodas anghymarus honno, yn eglwys blwy Llanengan – y priodfab, yn ôl y gofrestr, yn saithdeg chwech a'r briodferch yn ddim ond dau ddeg naw. Yn ôl traddodiad llafar a oroesodd gyda'r teulu, morwyn yng Nghae Du oedd hi ar y pryd. Yn wir, yng Nghyfrifiad un wyth pump un, mae yno 'howsciper' o'r un enw bedydd â hi, a thua'r un oed â hi, a chanddi ferch bedair oed o'r enw Elizabeth. Cyn pen deng mlynedd, ac Elizabeth yn bedair ar ddeg oed erbyn hynny, ond yn dal i gael ysgol, roedd ei chyfenw wedi'i newid o 'Jones' i 'Thomas'.

Ond ymhlith hen bapurau sydd gan fy nghefnder, Dafydd Wyn, yng Nghae Du mae yna ddogfen gyfreithiol gyda datganiad sy'n datrys y dirgelwch i gyd:.

> 'I attended the confinement of the said Mary on the 25th day of February 1847 when she was delivered of an illegitimate daughter named Elizabeth of whom the said John Thomas was the putative father – I have known and been well acquainted with the said Elizabeth from that time until now. She is now the wife of Solomon Jones Shopkeeper of Penygroes in the parish of Llanllyfni in the said County'.

Ydi hi'n syndod fod modryb Lisi, hen biwritan annwyl fel oedd hi, wedi pardduo cymaint arno? O herwydd yr hadau gwylltion a hauwyd, yn nes ymlaen bu rhaid rhannu'r ysbail ac fe dderbyniodd Elizabeth siâr helaeth o eiddo Cae Du a thlodi'r hen deulu, mae'n ddiamau, am flynyddoedd lawer.

Wedi'r holl dreialon, marw fu hanes John Thomas ddwy flynedd a hanner yn ddiweddarach, ddechrau haf un wyth pump chwech a'i gladdu ym mynwent yr eglwys lle'i priodwyd. O gofio'i gampau rhywiol, a'i gamu dros y tresi, go brin iddo gael cnebrwng a fyddai'n chwedl gwlad, fel roedd y gyntaf o'i briodasau. Prun bynnag am hynny, arweiniwyd ei wasanaeth angladd gan ŵr ifanc o gurad, a oedd i ddod yn eiriadurwr o fri ac yn ysgolhaig yn nes ymlaen, neb llai na D. Silvan Evans.

Ond be am ddatganiad modryb Lisi, y sylw a'm gorfododd i ysgrifennu cymaint â hyn o eiriau: 'Bob tro y byddi di'n yngan ei enw fo, o hyn ymlaen, cofia ychwanegu nad oedd yr hen sglyfaeth yn perthyn dim dafn o waed i ni!' Do, fe ddaeth yn bryd imi geisio plicio'r ocwm a gwahanu'r edeifion. Yn anweddus o fuan, cyn pen pedwar mis wedi iddi gladdu'i gŵr cyntaf, roedd Mary, y weddw ifanc, yn ailbriodi ddechrau Hydref gyda bachgen lleol a oedd chwe blynedd yn iau na hi, David Richards. 'Dyn môr' oedd David Richards, newydd ddychwelyd o Awstralia ychydig cyn ei briodas,

> UNDERNEATH
> are interred the remains
> JOHN THOMAS,
> of Cae du in this Parish
> and formerly of Gwerthir in the
> PARISH OF LLANGIAN,
> who departed this life June 1st
> AGED 78 YEARS.

69. Carreg fedd Sion Gwerthyr ym mynwent eglwys blwy Llanengan ac amser wedi dechrau'i dadfeilio.

wedi bod yn cloddio am aur yno. Hyd y gwn i, welodd neb erioed yr aur hwnnw ond mae blwch ar gael – un wedi'i wneud o garn ceffyl – ac yn hwnnw, meddid, y cadwai'r gronynnau wedi iddo'u darganfod. Ta waeth, wedi llyncu'r angor a phriodi'r weddw ymsefydlodd yng Nghae Du ac ymroi i ffarmio. Ond arhosodd yr heli yn ei waed gydol ei oes. Ddwy flynedd yn ddiweddarach, fe anwyd merch i'r ddau a'i bedyddio'n Jane Ann ac roedd honno'n hanner chwaer i Elizabeth wedi'r cwbl. Hon oedd mam modryb Lisi a'm nain innau. Na, roedd modryb Lisi'n gwbl gywir, 'doedd 'yr hen sglyfaeth', chwedl hithau, 'yn perthyn dim dafn o waed i ni'. Ond biti am hynny rywfodd. Does dim sy'n rhoi mwy o sbeis i sgwrs a bri i deulu digon cyffredin na honni bod yna ddihiryn yn cuddio rhwng brigau'r dderwen deulu.

Nid bod y 'weddw ifanc' heb ei beiau, mae'n ddiamau. Fel dipyn o 'hen stîl' yr arferai mam gyfeirio at ei nain, Mary Richards, er mai prin ei bod yn ei chofio. Mae'n debyg bod ei magwraeth, a'r bywyd a welodd yn ifanc, wedi rhoi haearn yn ei gwaed. Roedd hi'n ffond o lymaid o rỳm, meddai'r teulu – dylanwad ei phriod, y 'dyn môr', yn ôl a ddywedid – ac wedi iddi fynd i oed byddai rhaid cyrchu peth iddi o'r pentref, yn ddyddiol. Un stori a glywodd mam amdani oedd hanes y clagwydd; un pigog mewn dwy ystyr. Un bore pan oedd ei nain yn croesi buarth Cae Du ymosododd y

70. Yn Hydref 1892, ac yntau'n ymddeol o fod yn llywiwr bad achub Abersoch, penderfynodd Sefydliad Cenedlaethol Brenhinol y Badau Achub gydnabod ei wasanaeth a'i ddewrder. Cyflwynwyd tystysgrif iddo a rhodd o ddegpunt. Bu David Richards farw yn 1913 yn 87 oed.

71. Fe'i cefais yn amhosibl sefydlu'i hoedran nac, ychwaith, bod yn gwbl sicr o flwyddyn ei geni. Mae'i hoedran ar achlysur ei phriodasau, ac yn ôl y gwahanol Gyfrifiadau, yn awgrymu iddi gael ei geni yn nechrau dauddegau'r bedwaredd ganrif ar bymtheg ond mae'r oedran sydd ar y garreg fedd yn nodi'i bod hi saith i wyth mlynedd yn hŷn na hynny. Gan ei bod hi, yn ôl pob cofnod, yn hŷn na'i hail ŵr a oedd hi, tybed, am daflu llwch i lygaid y cyhoedd? Eto, rhaid bod i Mary Richards ochr ddefosiynol. Pan gododd yr Annibynwyr gapel newydd hardd yn Abersoch, yn 1873, hi oedd y gyntaf i ofyn am sedd ynddo. Bu rhai o'i disgynyddion yn ffyddlon a gweithgar yno – fy modryb Lisi yn eu plith – o'r pryd hwnnw hyd heddiw.

72. Y teulu yng ngardd Cae Du cyn y Rhyfel Mawr. Mae hi'n amlwg oddi wrth yr hyn a nodir ar gefn y llun i F. H. May, ffotograffydd o Bwllheli, deithio i 'Rabar' gyda'i offer i dynnu'r llun hwn. O'r chwith i'r dde: Griffith, Mary, David Richards, Elisabeth, Jane (gyda'i chyntafanedig, Kitty, ar ei glin) David a mam, Ellen, yn gwarchod y ci.

clagwydd arni'n dra ffyrnig a thorri'i braich. Serch ei damwain, ymateb yr hen wraig oedd rhoi tro yn ei gorn gwddw yn y fan a'r lle a mynd ati i'w bluo a'i baratoi'n barod ar gyfer y popty. Ond heb ei fai, wrth gwrs, heb ei eni.

A dyma finnau wedi tawelu peth ar ysbrydion y gorffennol. Ond drwg ysbrydion o'r fath, ydi dal i godi'u pennau yma ac acw ac ymddangos weithiau yn y mannau mwyaf annisgwyl. Dim ond camgymryd degawd, neu lithro ar gyfenw, neu adael i ddychymyg gael perffaith ryddid, sy'n ddigon i droi portread yn ffuglen a gwneud stwnsh o'r cyfan i gyd. Mi rydw i'n weddol siŵr mai 'Rywbryd yn niwedd y chwedegau oedd hi a finnau wedi galw yn y Derlwyn, Abersoch . . .'

73. Y blwch dal aur. Ond cafodd modryb Lisi ragorach trysor i gofio amdano sef clorian fach a ddefnyddiai David Richards, yn ôl yr hanes, i bwyso'r aur. Mae'r glorian honno ym meddiant merch iddi, Nan, sy'n byw yn Huddersfield.

74. Y sampler a bwythodd mam, yn ferch ifanc, er cof am ei thaid a'i nain. Yng Nghaerdydd mae'r sampler bellach, yng ngofal Dyfrig – un o'i hwyrion, a'i deulu – wedi'i adnewyddu ac yn hongian yn barchus yng nghyntedd y drws ffrynt.

5. 'RHYS HENDRA BACH'

'Sut hwyl sy'?' A dydi hi ddim yn hawdd ysgwyd llaw â dwylo dyn yn oel i gyd. ''Dach chi ddim yn digwydd bod yn Fedyddiwr?'

Er fy mod i ar y pryd yn fyfyriwr â'i lygaid ar y weinidogaeth, y nos Sadwrn honno doedd dim ymhellach o fy meddwl i nag enwadaeth. Ar y funud, roedd gen i fwy o bryder am y 'Chummy' a oedd yn crefu am jygiaid o ddŵr oer i oeri'i danc, nag oedd gen i am y bedydd trochiad.

'Y . . . nagdw.'

'M!' a'r saib yn awgrymu'r hoffai petai pethau'n wahanol. 'Ma' capal Tyddynshon yn fancw ylwch. Tasa gynnoch chi funud ne' ddau 'te . . .' Noson yng ngwanwyn pumdeg pump oedd hi a minnau wedi mynd â merch ifanc am swae yn yr ANA 109 dwy sedd, penagored hwnnw, y cyfeiriais ato'n gynharach. Hyd cyrraedd cyrion ardal Rhosfawr, lle saif capel Tyddynshon, bu'n noson dra gobeithiol; noson o 'osod dyrnwr',

75. Hyd yn ddiweddar o leiaf, roedd y car yn dal mewn bodolaeth. Mewn gwell trim, mae'n ddiamau, ac yn llawer mwy o werth. Camgymeriad oes oedd ei gyfnewid am gerbyd mwy diddos ond llai dibynadwy.

chwedl pobl Llŷn stalwm – noson i lacio'r swildod a threfnu at eto. Ond fel roeddan ni'n cyrraedd gwareiddiad fe gafodd y car bach ryw gaethiwed gwynt enbyd. Dechreuodd disian a thagu ac erbyn cyrraedd pen y lôn lle'r oedd cartref Nan roedd o'n stemio fel trên, a'i danc yn gwbl sych o ddŵr. Doedd yr oes benrhydd ddim wedi cyrraedd bryd hynny. Felly, y cynllwyn y cytunwyd arno oedd iddi hi nôl siwrnai o ddŵr imi o'r tŷ, peidio yngan gair wrth neb am fodolaeth na char na charwr, ac i finnau yn y cyfamser geisio agor cap y tanc chwilboeth, gan bwyll. Y gobaith oedd, erbyn iddi hi ddychwelyd y byddai'r injan wedi oeri'n ddigonol imi fynd ati i'w disychedu – heb gracio'r tanc.

Wrth imi godi fy mhen o'r injan, yn huddyg ac yn oel, be welwn i'n cerdded y llwybr i'm cyfeiriad ond gosgordd hir, fel un i gyrchu bardd. Rhys Roberts a arweiniai'r orymdaith. Cerddai'n ysgafndroed, serch ei bwysau, yn fochgoch, siriol, ac yn gwbl waglaw; ofarôl glân amdano, côt siwt dywyll, a chap stabl ar ei ben. O'i ôl cerddai'i wraig – a hi, druan, a gariai'r siwrnai ddŵr – yna ei fab, a oedd tua phymtheg oed ar y pryd, ei ferch bryderus a phwt o gi. A dyna ein cyfarfyddiad cofiadwy, cyntaf.

Fedra i ddim cofio llawer mwy am y noson honno erbyn hyn. Go brin iddo ddangos unrhyw ddiddordeb pellach yn y car ac ni fyddai ganddo ormod o amcan i ble i dywallt dŵr petai wedi cynnig help llaw. Mae'n fwy na thebyg iddo ganmol Tyddynshon i'r entrychion. Fe wnâi hynny ar yr esgus lleiaf, 'Ma' 'na achos bach byw iawn acw. Byw iawn a deud y gwir.' (Fel ei ddau frawd o ran hynny, roedd ganddo'r arfer o ail-ddeud rhai geiriau.) Tawel iawn fu'r gweddill dw i'n siŵr, neb yn deud fawr ddim. Hwyrach i'w wraig daflu un cip i'm cyfeiriad a sibrwd o dan ei gwynt, 'Wel, ble ar wynab y ddaear y cafodd hi afa'l ar hwn?' A go brin i minnau roi sws-nos-dawch i'r ferch ifanc, nac i'w mam o ran hynny. Fel deudais i, gwanwyn pumdeg pump oedd hi a'r oes ôl-fodernaidd heb wawrio.

*   *   *

Ar blyciau, pan na fyddai'r pwnc o dan sylw neu'r gorchwyl mewn llaw o ddiddordeb iddo, gallai swnio'n ffwndrus o annelwig, yn naïf i'r eithaf. Ond pan fyddai ganddo brogram o'i eiddo'i hun ar y gweill byddai ddau gam ar y blaen i bawb arall. Tynnodd y tŷ am ei ben, fwy nag unwaith, yn y modd yma.

'Gweld hi'n braf a rhyw feddwl basa ni'n mynd am dro bach, ac i Harri a Nan ga'l dŵad hefo ni.' (Cyn belled ag roedd Nan a minnau yn y cwestiwn roedd y 'dyrnwr' wedi'i osod yn gadarn erbyn hynny.)

'I ble, felly?' holai'i wraig, yn cael ei thynnu oddi ar ei hechel.

'Dwn i ddim. Ochrau Abarystwyth 'na'n braf iawn.'

'Abarystwyth? Rhys, pryd ddaru chi feddwl am beth felly?'
'Wel . . . m . . .' (Un gwan trybeilig oedd o am ddeud celwydd gwyn).
Y tŷ yn dechrau dadfeilio. 'Pryd 'da chi'n meddwl inni gychwyn?'
'Pen ryw bum munud go lew.'

A dyna'r tŷ yn garnedd wrth ei draed. Drwg dalwr o Gardi oedd yna, hwyrach, ym mograu Aberystwyth, a'r daith a'i gwir amcan wedi gwaelodi yn ei feddwl o ers wythnos gron. Ond peidied neb â meddwl fod hel dyledion yn ei natur. I'r gwrthwyneb, wir. Wedi rhoi gormod o raff i ddrwg dalwyr roedd o a than bwysau i geisio adfer peth o'r colledion cyn i'r twyllwyr rheini droi'n berchnogion.

*   *   *

Run gŵr a aeth i Lerpwl ar fis mêl yn Ebrill 1935. Roedd y 'ffyrm', fel y cyfeiriai at y gweithdy, wedi addo gwneud buddai gorddi i gwsmer ar gyrion Pwllheli ac wedi ordro'r derw a'r ffawydd melyn gan gwmni o gyfanwerthwyr coed yn yr un ddinas. Meddai, mewn ysgrif:

> Yr oeddwn wedi priodi ym mis Ebrill ac wedi mynd i Lerpwl ar ein mis mêl. Gan ein bod yn cael coed i'r fuddai newydd o Lerpwl aeth y wraig a minnau i iard E. S. May, yn Sandmills Lane, i weld y coed. Yr oeddwn

76. Rhys a Lil adeg eu priodas, neu'n fuan wedyn, wedi galw yn Nhŷ'n Coed – cartre'r briodferch – ac yn cael tynnu'u llun. Y fo'n edrych yn bengam swil a hithau'n grand ryfeddol. Oedd, 'roedd eu priodas yn un ddedwydd iawn, yn union fel petai'r nefoedd wedi'i threfnu'.

yn adnabod y perchennog yn dda a chofiaf ei ddywediad, pan ddywedais fy neges, *'Fancy, Mr. Roberts, taking your wife to a timber yard on your honeymoon.'*

Go brin iddo fynd mor bell â threfnu'r man bwrw swildod er mwyn cael archwilio coed y fuddai ond, o'i nabod o, mae'r cymal 'aeth y wraig a minnau' yn siŵr o fod yn orddweud. Hwyrach fod cam-drefnu bwriadol fel'na yn wendid teuluol. Fel y deudodd o wrtha i lawer gwaith, aeth ei dad drosodd i Enlli, codi tŷ gwair i ryw ffarmwr neu'i gilydd a chael cariad yr un pryd. Ond wythnos wedi'i briodas fe aeth yntau i Lerpwl – ond ar ei ben ei hun, ac i Undeb y Bedyddwyr – a'i wraig, druan, yn dychwelyd i'r Ynys hebddo. Yno bu hi wedyn, mae'n debyg, am dair blynedd cyn mudo'n derfynol i'r Tir Mawr. O leiaf, fe aeth y mab i'w fis mêl a'i wraig i'w ganlyn!

* * *

Beth bynnag am y mis mêl a dreuliodd Rhys Roberts a'i wraig o fewn cyrraedd iard goed yn Lerpwl, roedd eu priodas yn un ddedwydd iawn, yn union fel petai'r nefoedd wedi'i threfnu. Roedd rhagoriaethau un yn cuddio meidroldeb y llall, ac felly o boptu. Merch ffarm o gwr y Lôn Goed, a'r hynaf

77. Hendre Bach yn 1908. Llun a ddiogelwyd gan y teulu ac a ymddangosodd yn *Y Cymro*, 9 Rhagfyr 1975, gyda'r pennawd 'Tra bydd coed bydd gwaith i'r crefftwr': 'Does neb ar ôl o blant Rhosfawr nad oedd sŵn llif yn rhygnu drwy goed yn rhan o'i blentyndod; ble bynnag mae'n byw, bydd arogl sudd pren yn deffro atgof am waith coed Hendre Bach. Am dros gan mlynedd bu'r gwaith, ar y briffordd o'r Ffôr i Nefyn, yn darparu gwaith i bobl Llŷn ac Eifionydd, celfi i'w ffermwyr a choed i'w hadeiladwyr.'

o chwech o blant, oedd fy mam yng nghyfraith. Roedd Ellen, neu Lil fel y'i gelwid gan bawb, yn un ddoeth ei gair ac ymarferol garedig. A hi a alwai'r diwn pan fyddai gwir alw am hynny. Os na chafodd hi gymaint manteision addysg â'i gŵr, ei thraed hi oedd ar y ddaear a byddai yntau'n plygu i'w doethineb bob amser – er yn dal her weithiau hyd yr unfed awr ar ddeg. O'r herwydd, un o'i hoff ddiarhebion hi oedd mai sala'i hesgid ydi gwraig y crydd. Byddai rhyw goedyn wedi pydru neu baent wedi plicio ac 'addewidion maith eu rhi' i'w cywiro'n cael eu torri'r naill dro ar ôl y llall.

'Fel dw i wedi deud, sawl tro, ma' coed ffenestri'r llofftydd 'ma wedi hen bydru ac mae'r ffenestri'n dechrau gollwng dŵr.'

'Lil bach, ro'n i wedi meddwl yn siŵr, wedi meddwl yn siŵr, gyrru'r hogiau i lawr rwsnos yma,' a chyfeirio at rai o'r seiri a weithiai yn y gweithdy. 'Ond ma' nhw wedi bod yn brysur, cofiwch, yn brysur sobor. Neith bora Llun y tro?' Dim ateb. 'Dyna fo 'ta, mi gyrra i nhw yma'r peth cynta, y peth cynta, bora Llun.'

Ond ddeuai neb i olwg y ffenestri'r bore Llun hwnnw, na'r un bore arall weddill yr wsnos o ran hynny.

Yr un a fyddai'r ergyd derfynol bob tro, 'Gyda llaw, Rhys, fydd dim isio ichi anfon neb i olwg y ffenestri.'

'Sut?' Yna, sŵn papur newydd, yr *Herald Cymraeg* neu *Seren Cymru* dyweder, yn cael ei blygu ar hast, 'Ddim isio i neb ddŵad i olwg y ffenestri ddeudsoch chi?'

'Wrth ych bod chi'n brysur, dw i wedi gofyn i saer o Bwllheli ddaw o heibio,' er nad oedd hi ddim wedi gwneud hynny, 'ac mae o am ddŵad yma ddechrau'r wsnos.' Bore drannoeth fe fyddai seiri coed Hendre Bach yn ymosod ar goed pydredig y ffenestri'n union wedi i'r gweithdy agor a hithau'n groeso i gyd.

* * *

Serch bod ei wreiddiau o ochr ei dad yn nes ato, am ei wehelyth o ochr ei fam, 'hen deulu Enlli' chwedl yntau, yr hoffai sôn. Roedd ei hendaid, o ochr ei fam, Robert Williams, yn weinidog Methodus (anodd coelio) ar yr Ynys – y cyntaf erioed. Ond am gampau corfforol y gwron hwnnw y soniai heb gyfeirio fawr ddim at ei enwadaeth. Dyma'r gŵr, meddid, a syrthiodd i'r môr yn Harbwr Lerpwl, wrth geisio camu o un llong i long arall. Ond nofiodd yn iach i'r lan heb i'r cwd halen a gariai syflyd modfedd oddi ar ei gyfrwy, a heb i ronyn o'r halen dampio am wn i. Rhaid ei fod yn llamwr. Oherwydd, yn ôl mabinogi arall, pan syrthiodd un o feheryn Enlli dros y dibyn ac i'r Swnt, neidiodd yr hen bregethwr ar ei ôl, a chyn iddo foddi ei ddal a'i ddwyn i'r Cafn yn ddiogel.

Mab tafarn y Gegin fawr, Aberdaron, oedd Robert Williams ond serch ei fagwraeth, neu o'i herwydd, cafodd y mudiad dirwest afael arno a daeth yn ddirwestwr cenhadol. Yn fuan wedi pasio'i ddeg ar hugain oed dechreuodd bregethu ac fe'i hordeiniwyd yn weinidog gyda'r Methodistiaid Calfinaidd. Fel yr 'Esgob' y byddai pobl yn cyfeirio ato ac mae'n amlwg mai fo, yn ei ddydd, oedd y prif weithredwr ar yr Ynys. Ceir portread ohono gan y Parch. John Jones – 'John Jones F.R.G.S' fel y'i gelwid – mewn ysgrif werthfawr ar 'Ynys Enlli' yn rhifyn Ionawr un wyth wyth pump o'r *Traethodydd*. Yr awgrym a geir ydi fod Robert Williams, fel ei or-ŵyr, yn ŵr wedi codi'n fore:

> Ychydig flynyddoedd yn ôl bu gwŷs allan yn erbyn y Parch. Robert Williams, fel cynrychiolydd yr Ynys, am dreth y tlodion. Ond er ceisio, methwyd yn lân a'i wasanaethu â hi, gan y llwyddai i ddianc i'w lochesau rhag golygon y swyddog. Unwaith pan yn pregethu ar foreu Sabbath yng Nghapel Penycaerau, eisteddai y ceisbwl o'i flaen a'r wŷs yn ei logell, a phenderfynai ei wasanaethu â hi ar ddiwedd yr oedfa. Ond rywfodd, gan rywun, fe'i perswadiwyd ef i ohirio y weithred hyd drannoeth, gan ddadleu na fuasai hynny yn gyson â sancteiddrwydd y diwrnod, ac y caffai gyfleustra rhagorol i wneyd ei waith bore drannoeth wrth i'r pregethwr ddychwelyd adref. Ond erbyn trannoeth, nid oedd y gŵr ar gael, gan ei fod wedi gofalu am ddianc ymaith yn ddigon plygeiniol i un o'i ddirgel-fanau. Ac yno y bu yn llechu nes y daeth yn ddigon clir a diberygl.

Codwr bore neu beidio, yr unig swm a dderbyniai am ei waith fel Gweinidog, yn ôl 'John Jones F.R.G.S.' oedd pumpumt y flwyddyn oddi

78. Hendy, ym mhen gogleddol yr Ynys, cartref Robert Williams a'i wraig; cartref ei ferch, Ann, a'i gŵr, Capten Rees Griffith, wedi hynny. Ymhlith yr ychydig feddau sydd ar yr Ynys mae un yr 'Esgob' a'i deulu.

79. Un o luniau'r enwog John Thomas, Lerpwl, o deulu Carreg Bach tu allan i'w bwthyn ar Ynys Enlli yn 1886. O'r chwith i'r dde mae Mary Williams, y fam; Thomas Williams, mab; bachgen, a Nathaniel Williams, y tad. Y ddamcaniaeth ydi mai John oedd enw'r bachgen a'i fod yn fab i Jane, merch Carreg Bach, ac yno gyda'i daid a'i nain. Nathaniel oedd unig fab y Parch. Robert Williams a'i briod, Sian Nathaniel.

wrth Gyfarfod Misol Llŷn ac Eifionydd. I gadw'r blaidd o'r drws ffarmiai'r tyddyn, pysgota dipyn a gofalu am anghenion ceidwaid y goleudy. Bu farw yn un wyth saith pump, wedi bod yn pregethu i'r ynyswyr am dros ddeugain mlynedd.

Roedd un ferch i Robert Williams, Ellen, yn byw yng Nghrstin Isaf ar yr Ynys a chafodd dri o blant – Mary, Harri a William. Fu i'r un o'r tri briodi. Rhai pur rwgnachlyd a mymryn yn gynnil oedd y tri, mae'n debyg, ac roedd gan Rhys Roberts stori neu ddwy i brofi hynny. Pan dorrodd Mari ei chlun penderfynwyd peidio â chynnau tân i alw am feddyg gan y teimlai'i brodyr ei bod hi'n rhy hen i fynd i wario arian. A phan fu Harri farw'n sydyn, gofid ei chwaer oedd iddo farw ac yntau newydd gael crys glân ac wy i frecwast. Yn ôl atgofion a ddiogelwyd ar y wefan 'rhiw.com' byddai Harri, wrth groesi i'r Tir Mawr yn cario tri phwrs arian i'w ganlyn: ei bwrs ei hun, 'pwrs Mari' fel y'i galwai, ac yna un arall mewn llogell a honno wedi'i gwnïo i'w grys isaf. Yn Hendre Bach, ar y 'tir mawr' ac yng ngofal ei gyfneither, y bu William farw.

Capten llong oedd Rees Griffith, taid Rhys Roberts. Yn un wyth chwech pedwar adeiladodd ei long ei hun a'i bedyddio'n *Robert Williams* – o barch i'w dad yng nghyfraith mae'n ddiamau. Ond fel 'Llong Rees' y cyfeiriai'r teulu ati. Yn ystod ei flynyddoedd olaf gofalai am iot yr Arglwydd Newborough, perchennog yr Ynys. Fel sawl dyn môr – a serch dirwestaeth ei dad yng nghyfraith – aeth yn hoff o'r botel a byddai mab iddo, William, yn cario peth iddo ar y slei o bentref Aberdaron. Ond rhwng cromfachau, megis, y cyfeiriai'r teulu at lithriadau felly.

Ar ochr arall y teulu, gallai olrhain y saer coed a oedd ynddo i ryw gylchwr llestri a gwneuthurwr casgenni a drigai yn y gymdogaeth ganrifoedd ynghynt. Byddai uwch ben ei ddigon yn adrodd hanes hir melin goed Hendre Bach, ffyrm 'Griffith Roberts a'i Feibion'. Ei daid oedd Griffith Roberts a hwnnw, mae'n debyg, a wnaeth ffyrm deuluol ohoni a hynny yn nechrau ail hanner y bedwaredd ganrif ar bymtheg. Trosglwyddo'r etifeddiaeth o dad i fab, neu'i feibion, a fu'r hanes wedyn hyd nes i'w fab, Walter, farw cyn pryd ym Mehefin un naw naw wyth.

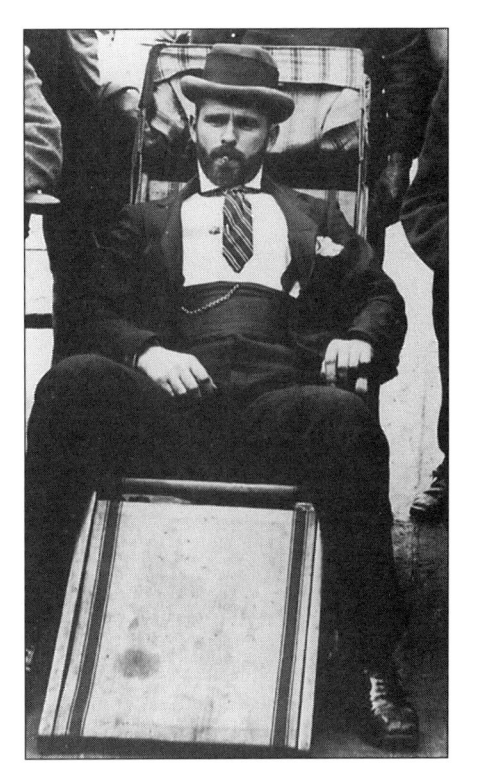

80. Rees Griffith, herfeiddiol yr olwg ac yn smociwr sigâr, ar fwrdd y *Wanlock* – llong yr oedd yn gapten arni.

Dros y blynyddoedd, ymddangosodd hanes y gweithdy laweroedd o weithiau mewn cylchgrawn a phapur newydd a bu sawl cynhyrchydd radio a theledu ar ei ofyn. Testun balchder iddo oedd bod yna gip ar felin lifio Hendre Bach i'w weld ar *Yr Etifeddiaeth* – y ffilm gynnar honno a gynhyrchwyd gan John Roberts Williams a Geoff Charles toc wedi'r Ail Ryfel Byd. Yn ddiweddarach, pan aeth Robin Williams yno ar gyfer rhaglen radio, *Os Hoffech Wybod*, roedd sŵn y peiriannau hynny'n ddigon i greu disgord yn y set radio; y pleinio a'r mowldio, y llifio a'r morteisio'n fyddarol. Yntau, yng nghanol y sŵn i gyd, yn ymfalchïo yn y camu ymlaen a oedd wedi bod, 'Oeddan ni, ers blynyddoedd yn trio ca'l rwbath newydd bob blwyddyn fel bod ni'n ca'l symud ymlaen 'te a ddim yn aros yn ein hunfan'. Erbyn hyn roedd dros ei bedwar ugain.

Oedd roedd ganddo stori gwerth i'w hadrodd a gallai yntau adrodd y stori honno gyda graen. A sôn am radio, gallai'r sawl a'i holai fod yn sicr na fyddai rhaid treulio oriau'n torri allan gawodydd o gamdreigliadau neu

81. Rhys, oddeutu dwyflwydd oed ar lin ei daid, Griffith Roberts – sylfaenydd y busnes – yn nrws hen dŷ Hendre Bach.

gamgymryd cenedl enwau. Ond i gynhyrchydd y rhaglen wedyn, y gamp fyddai ffitio'r gwadn fel bo'r troed. Anodd, wedi'r cwbl, oedd crynhoi rhamant pedair cenhedlaeth i hyn a hyn o funudau a'r siaradwr, ar ben hynny, yn un mor llifeiriol. Ond byddai graen ar y dweud bob amser. Ganol ha' un naw wyth wyth, ac yntau erbyn hynny yn bedwar ugain ac un, fe'i holwyd am rai o'r crefftau coll ar gyfer cyfres radio o'r enw *Byw yn y Wlad*. Nid bod y gair 'holi' yn ddisgrifiad teg o'r hyn a ddigwyddodd; roedd tuedd yn yr un a holid i fynd â'r awenau o ddwylo'r sawl a'i holai. Ond fel y profwyd, gwybodaeth am yr hen grefftau oedd fforte Rhys Roberts, yr hen dermau a'r mesuriadau'n llifo allan mor naturiol a'i iaith lafar amheuthun yn pupro'r cyfweliad:

'Be'n union ydi'r drefn? Sut ydach chi'n mynd ati i neud cribin, cribin bren wrth gwrs?'

'Gneud nhw'n wythsgwar i gychwyn, a'u rowndio nhw wedyn hefo plaen a'u llnau nhw'n grwn braf. Wedyn oeddan ni'n gneud y pennau a'r dannadd. Llifio pisiau o onnan, ryw bedair modfadd o hyd, yn sgwâr ryw hannar modfadd, a'u hitio nhw hefo gordd bren drwy gethar ac wedyn oeddan nhw'n disgyn trwodd, trwy'r fainc, yn ddannadd wedi'u gorffan. Ac wedyn oeddan ni'n eu daneddu nhw a gneud blaen daint . . .'

82. Darlithio ar y gribin a Twm Elias yn gwrando'n astud.

'Y bladur?' chwythodd yr holwr, yn frysiog, i gael gair i mewn ar ei ochr.

'Y bladur, ia. Gyda llaw, troed bladur, coes cribyn. Rŵan ma'r grefft honno wedi gorffan. Does yna ddim galw am droed bladur, bron, heddiw. Fedar y bechgyn ifanc 'ma ddim torri hefo hi, dim ond 'rhoi hi yn y ddaear a stimio'r llafnau. 'Da ni ddim yn ca'l llafnau chwaith heddiw, dim ond rhai wedi'u rifetio a dydyn nhw ddim gwerth eu ca'l. Ma'r rifets yn llyncu'u pennau. Dyna fo, ma'r hen grefftau 'ma'n mynd o flwyddyn i flwyddyn. Gwaetha'r modd 'te.'

'Mi wela i draw, yn y pendraw, yn fancw, rwbath tebyg i gaead arch.'

'Ia.'

''Da chi wedi bod yn gneud eirch yn eich tro felly?' a llwyddo i'w lusgo at grefft arall yr hoffai sôn yn atgofus amdani.

'Gormod o lawar iawn,' oedd yr ateb annisgwyl. 'Wedi claddu gormod o hen ffrindiau, gwaetha'r modd.' Ochenaid. 'Ma' gin i gywilydd, nes ofn deud faint. Gafodd Dafydd ei gosbi am gyfri'r bobl, a 'dw innau ofn ca'l fy nghosbi am neud cyfri o beth felly.'

A dyna'r gwir, bu wrth y gwaith hwnnw gyda mawr sêl a chryn ofal am drigain mlynedd. Yn naturiol, roedd rhai angladdau wedi aros yn ddyfnach yn ei gof nag eraill a hynny, yn amlach na pheidio, oherwydd yr amgylchiadau a'r cysylltiadau. Yn un naw wyth chwech, darlledwyd rhaglen gyfan i sôn yn benodol am drefnu angladdau gyda Dei Tomos yn cyflwyno a Branwen Cennard yn holi. Roedd Rhys Roberts yn ffortiwn i raglen felly a phrofodd ei hun yn atebwr rhwydd.

'Chi, o'ch chi'n dweud wrtha i, a drefnodd yr angladd ola o Nant Gwrtheyrn?'

'Musus Owan oedd y ledi.' Ac roedd dros ddeugain a phump o flynyddoedd er y cnebrwng llafurus hwnnw.

83. Cerdyn post a argraffwyd. Rhys, yr ymgymerwr ifanc 27 oed, yn sefyll wrth yr hers ar achlysur eithriadol o drist: angladd Rhys Thomas, ffarm Tyddyn Cestyll, hogyn 8 oed a foddodd yn yr afon yn ardal Llwyndyrus ym Medi 1932. Trefnodd gannoedd ar gannoedd o angladdau, yn ei fro a thu hwnt, gan wneud y gymwynas gyda pharch a threfnusrwydd mawr.

Yntau, wedyn, yn disgrifio'n fyw iawn y trithro y bu raid iddo fynd i fyny ac i lawr y gamffordd enbydus, droellog, a arweiniai i'r Nant i drefnu'r angladd: unwaith i fesur, unwaith i ddanfon arch wag ac yna ddydd yr angladd ei hun. 'A dw i'n cofio'r dwrnod yn iawn, hen ddwrnod budr, gwlyb, niwlog. Ac roedd yna bedwar neu chwech yn cario'r arch – handls ar ochr yr arch – a rhai eraill yn tynnu hefo rhaffau, a rhai eraill y tu ôl.' Roedd yna newid dwylo hanner ffordd. Byddai'r rhai a fu'n gwthio'n mynd ati i gario, y rhai a fu'n cario yn mynd ati i dynnu, a'r rhai a fu'n tynnu yn mynd ati i wthio nes cyrraedd yr hers a oedd wedi'i pharcio uwchben y Nant. Mor fyw oedd ei ddisgrifiadau, gydag ambell ochenaid a saib. Mor fyw, nes imi deimlo fod Rhys a Meinir y chwedl ymhlith y galarwyr a Gwrtheyrn gawr yn gwylio'r cyfan gan deimlo y byddai'n rhwyddach iddo, pan ddeuai'i amser, neidio i'r môr oddi ar y garreg chwedlonol honno, Carreg y Llam, na chael ei ddarn lusgo fel hyn i fyny'r gamffordd.

Dros y blynyddoedd, oherwydd ehangder ei ddalgylch a'i dymor hir wrth y gwaith, trefnodd angladdau amrywiaeth rhyfedd o bobl; 'gwybodusion llawer byd, y prysur bwysig, y ceffylau blaen', yn ogystal â'r 'cwmni gwledig ar ddiarffordd hynt'. Ond ar ddiwedd y daith, atgofion am rai o'r eneidiau gwahanol a frigai i'r wyneb o hyd ac o hyd.

Er enghraifft, buom ein dau yn claddu'r actor Rupert Davies, *Maigret*, droeon, dros sawl pryd bwyd, yn ystod ei flynyddoedd olaf ac yntau'n rhannu aelwyd hefo ni. (Roedd yr actor, a fu'n gymaint llwyddiant yn ei ddydd, wedi dod i fyw yn rhannol i fwthyn yn ardal Pistyll, heb fod yn rhy bell o Hendre Bach.) Yn wir, fe'i claddwyd ar yr awyr yn Nhachwedd un naw wyth chwech, yn ystod y rhaglen radio honno ar drefnu angladdau ac yntau'n cael blas hen win ar ail-ddeud yr hanes. Ond llusgo'r stori i mewn gerfydd ei gwar wnaeth o hefyd, nid fel ateb i gwestiwn, gan wybod y bydda hi bownd o dalu am ei lle. Ac fe dalodd am ei lle'n anrhydeddus.

'Mi fûm i yn nôl Rupert Davies, *Maigret*, o Lundain. O'n i'n ffrindiau mawr hefo fo.' (Ac fe alla' i gredu hynny, oherwydd roedd ganddo'r ddawn i glosio at bawb beth bynnag eu hystâd.) 'O'n i'n tynnu'i goes o – roedd o'n dŵad yma i nôl coed weithiau – bod o'n gwybod mwy o Gymraeg nag oedd o'n ddangos i ni. Chwerthin bydda' fo. Mi fûm i yn 'i nôl o bob cam o Lundain a dŵad â fo i eglwys Pistyll a'i gladdu o yn y fynwant ym Mhistyll.' Roedd hynny yn Nhachwedd un naw saith chwech.

Ond i dorri stori hir yn un fer, roedd yr ymgymerwr, meddai, wedi deall mai *Cwm Rhondda* oedd hoff dôn yr actor. Felly dyma drefnu, yn ddiarwybod i'r teulu, bod yna ganu ar y dôn honno wedi i'r arch fynd i'r pridd. Yn ôl yr un a gyfwelid, wedi i'r rheithor a ofalai am y gwasanaeth roi anogaeth iddyn nhw ganu'i hochr hi, fu erioed y fath ganu: 'Ac mi ddaru pawb ganu'i orau ac mi oedd yna ganu gwironeddol dda, pedwar llais.'

Yn ddiweddarach, roedd yna wasanaeth coffa yn eglwys Clements Lane yn Llundain a chafodd yntau gyfle i fynd i'r gwasanaeth gwahanol hwnnw. Yno

84. Enwogodd ei hun yn chwarae rhan yr Arolygydd Maigret mewn cyfres deledu yn seiliedig ar nofelau ditectif George Simenon. O ddechrau'r chwedegau ymlaen, daeth y cip arno'n rhwbio pen matsien yn erbyn mur i danio'i getyn yn olygfa gofiadwy. Roedd iddo wreiddiau Cymreig a chysylltiad â dwy stabl lenyddol o gryn fri. O ochr ei dad daliai gysylltiad â theulu'r Cilie; o ochr ei fam, perthynai i deulu Parc Nest.

hefyd roedd yna drefniant i ganu *Cwm Rhondda* a chôr swyddogol yr eglwys, wedi cryn ymarfer mae'n ddiamau, yn rhoi'r datganiad. Rhywfodd, ar y ffordd allan o'r gwasanaeth, fe gafodd yntau gyfle i gael gair gydag un o'r meibion, Tim Davies, a dweud wrtho eu bod nhw wedi gwrando *Cwm Rhondda* am yr eildro. Ond ymateb hwnnw oedd – ac roedd yr ergyd i'w gweld yn dod o bell – na allai côr disgybledig eglwys Clements Lane ddim dal cannwyll i'r bagad cantorion hap-a-damwain hynny ym mynwent Pistyll.

Ond nid gormodiaith mo hyn. Ymhlith papurau Rhys Roberts roedd yna lythyr wedi'i anfon ato o fan mor ddethol â'r Reform Club yn Llundain wedi'i ysgrifennu gan Evan Davies, brawd yr actor, yn cadarnhau gwerthfawrogiad y teulu: '*I hope you know how much all the family appreciated your most wonderful work and attention in preparing the funeral for brother Rupert. If ever grief can be eased in such circumstances, you found the way. Nobody can forget your part. For this we are all permanently indebted to you . . .*' Dyna beth oedd diolchgarwch, a hynny oddi ar law dyn a welodd gryn dipyn ar y byd. Daw â'i lythyr i ben drwy ddweud y gobeithiai ddychwelyd i Lŷn yn fuan ac na fyddai'n meiddio troi'n ôl heb alw heibio i'r ymgymerwr.

Wedi iddo drefnu ei angladd yn un naw tri un, daeth D. R. Daniel, y sosialydd a'r radical a'r undebwr llafur, yn gryn arwr iddo – ac mae'n rhaid cofio mai'i gasbethau oedd undebau llafur, seiri rhyddion, Harold Wilson, nionod a Chyfarfod Misol, yn y drefn yna – a soniai'n fynych am hebrwng ei weddillion o'r Ffôr i Gefnddwysarn.

Gwisgai'n dywyll, weddaidd, ar gyfer y gwaith. Yn wir, ar fwy nag un achlysur, mewn sefyllfa ddiarth, fe'i camgymrwyd am y gweinidog a oedd i arwain y gwasanaeth. Roedd camgymeriad felly wrth fodd ei galon ac fe adroddai'r stori wrth bregethwr ar ôl pregethwr a chwerthin mawr bob tro. Gwn un peth i sicrwydd, iddo ddangos cymaint parch i wrêng a bonedd, i saint ac afradloniaid, fel ei gilydd.

Un peth mawr ganddo oedd bod pawb yn cyrraedd mewn pryd. Wel, ymhell cyn pryd a deud y gwir. Ar y llaw arall, fy arfer i mewn angladd oedd cyrraedd yn nes i'r amser – ddim yn rhy fuan nac yn or-ddiweddar. Bryd hynny, doedd dim yn annifyrrach i mi na sefyll mewn parlwr angladd am hydion bwy'i gilydd, yn llygaid pawb; neb yn dweud dim, a dim i'w glywed ond tipiadau araf y cloc a'r di-ddigwydd mawr. Yn achlysurol, cefais fy hun yn gweinyddu mewn angladdau ac yntau wrth y llyw. A deud y gwir roedd cydweithio felly, hefyd, yn anesmwythyd i mi; ofn i bobl feddwl bod y trefniant yn un ffurfiol, a'i bod hi'n *two for the price of one*.

'Ond Harri bach lle dach chi wedi bod?' Ond fymryn dicach wrth gwrs.

'Ma' na bum munud i fynd eto.'

'Ofn yn 'y nghalon ro'n i ych bod chi wedi anghofio. Ylwch, a' i weld ydi pob dim yn barod. Mi ddechreuwn i wedyn, ar yr awr.'

Y gwir oedd iddo yntau gael ei ddal allan, unwaith, ar ddechrau'i yrfa fel ymgymerwr. Rhyw deulu, meddai, wedi'i berswadio i adael yr arch yn agored hyd ddydd yr angladd. Cytunodd yntau i hynny, ond yn anniddig, gan fwriadu cyrraedd y tŷ mewn da bryd bnawn yr angladd i fedru sgriwio'r caead i lawr ymhell cyn i'r gwasanaeth ddechrau. Mi ro'i 'mhen i dorri iddo gychwyn y dydd hwnnw mewn da bryd, dyna'i reddf. Ond roedd hi'n digwydd bod yn dywydd mawr, y gwynt i'w wyneb ac, i oedi rhagor ar bethau, y beic yn taflu'i tsiaen bob hanner canllath. Pan gyrhaeddodd, roedd y gwasanaeth ar ei hanner. Sleifiodd yntau'n dinfain rhwng cefn y pregethwr a throed y grisiau ac i fyny i'r llofft. Ond tra roedd o wrth y gwaith o sgriwio, a'r tŷ'n ddefosiynol dawel, llithrodd yr arf o'i law a thrybowndio ar hyd llawr pren y llofft nes gyrru ias annifyr i lawr cefna'r galarwyr. Wrth adrodd y stori honno y frawddeg glo bob tro oedd: 'Dw i wedi trio gofalu am gychwyn mewn pryd i bob angladd byth er hynny'. Ac yn fy achos i, hwyrach mai taro'r post y byddai o i'r pared gael clywed.

Gallai gau'i lygaid ar ei ragfarnau a rhoi'i argyhoeddiadau o dan gochl, dros dro, pan fyddai galw am hynny. Dyna fo, busnes ydi busnes. Rhwng un naw pump pump ac un naw wyth saith, blwyddyn ei ymddeoliad o'r gwaith, trefnodd angladdau dros dri chant o'r Pwyliaid alltud a gafodd loches a gwladfa ym Mhen-y-berth ym Mhen Llŷn. O gofio'i orchwyl, a pha mor aml y gelwid arno i ddod yno i'w mesur, pa ryfedd i un o'r Pwyliaid a oedd ar ôl ymliw arno, *'You no come here soon again, Mr. Roberts.'* Meddai, mewn ysgrif, 'Perchwn hwynt fel pe byddent yn Gymry'. Rwy'n siŵr iddo wneud hynny, a mwy, os oedd hynny'n bosibl.

A bu'n Fedyddiwr cenhadol, yn gwbl argyhoeddedig na allai neb 'ga'l iechydwriaeth mewn powlen' a byddai'n dyfynnu un 'Morgan Jones Whitland' yn garn i hynny. Roedd ynddo beth o ruddin yr eneidiau gwahanol hynny sy'n croesawu erledigaeth ac yn cwrsio merthyrdod. Fe fyddai wedi cerdded yn siriol i'w stanc dros y 'bedydd trochiad', chwedl yntau, ond wedi ysgwyd llaw yn wengar â phawb ar ei lwybr a gredai'n wahanol. A hithau'n mynd yn hwyr ar y dydd fe'i hetholwyd yn Llywydd Cymanfa Bedyddwyr Arfon; braint a haeddai. Ond erbyn dechrau'r wythdegau, serch bod capelyddiaeth yn dal mewn bri, roedd enwadaeth ar drai a math o eciwmeniaeth ddyfrllyd ar gerdded. Serch hynny, fe glôdd Llywydd Cymanfa Bedyddwyr Arfon ei anerchiad y pnawn hwnnw gydag apêl gynnes dros lynu at y *status quo*: 'Credaf yn angerddol ym Medydd y Credinwyr, ac oherwydd hynny rwy'n falch fy mod yn Fedyddiwr. Fe

85. Capel y Pwyliaid alltud a gafodd loches ym Mhen-y-berth a chynulleidfa yno ar derfyn offeren ar fore Mawrth ym Mai 2007. Ar ddydd angladd, yn ystod yr offeren, eisteddai'r Ymgymerwr yn agos i'r blaen yn yr eglwys Babyddol fechan sydd yno – y fo, y Bedyddiwr solat, yn deall run gair o'r gwasanaeth – yn cael ei wlitho â'r dŵr sanctaidd a'i bersawru â'r arogldarth. O'i wylio ar funud felly, gellid tybio'i fod yn Babydd gyda'r selocaf a bod y ddefodaeth wrth fodd ei galon.

ddylai pob un ohonom fod. Mae gennym rywbeth na allwn ollwng gafael ynddo.' Bu'n driw i hynny.

Bu galed y bygylu rhyngom, sawl tro. Ofer ydi dyfynnu'r Tadau Eglwysig Cynnar neu ddyfynnu'r Groeg gwreiddiol yn erbyn gwres argyhoeddiad. A doedd ei atgoffa ei fod o linach Fethodistaidd braff, a allai ymffrostio mewn pum pregethwr ac un cenhadwr, a'i hen-daid ei hun yn eu plith, yn peri iddo glosio dim at y 'bedydd powlen'. Runig obaith i mi gadw 'nhraed yn sych mewn dadl o'r fath fyddai hiwmro peth ar y gweithrediadau. Yn nyddiau Llanfihangel Glyn Myfyr roedd acw gi defaid a ymddiddorai mewn popeth ond defaid. Gyda gofal a bwyd llwy fe'i dysgais i ymateb yn wahanol i synau enwau'r gwahanol enwadau. Dim ond i mi enwi'r Methodistiaid neu'r Annibynwyr, neu hyd yn oed Eglwyswyr a Chatholigion, fe ysgydwai'i gynffon fel llo'n cael llith. Ond os dechreuwn i sibrwd y gair Bedyddwyr fe âi'n lloerig ulw, yn ffiaidd o'i ben i'w gynffon. Adroddai yntau am y ffolinebu hwnnw gydag asbri, wrth enwaediad a dienwaediad fel ei gilydd, ond gan ychwanegu bob tro 'ma' creadur direswm, wrth gwrs ydi ci!'

O ran dadleuon enwadol bu'n gyfyng arno fwy nag unwaith. Terfyn, dros dro, sawl trafodaeth gynnes a fu rhyngom ac yntau wedi gwrando sawl rhesymeg a sawl ymdrech i'w resymoli – os gwrando hefyd – oedd clywed y Bedyddiwr diwyro'n dweud, 'Ella bod gynnoch chi bwynt yn fan'na ond . . . y . . . ni sy'n iawn.' Yna, y frawddeg dreuliedig honno a'i hachubodd o sawl cornel gyfyng, 'I gada'l hi'n fan'na sy' orau i ni.'

Fel y Frenhines Mari gynt â'r gair Calais, bu yntau farw â'r gair Tyddynshon ar lech y galon – 'wedi ei ysgrifennu nid ag inc . . .' Meddai, mewn ysgrif, 'Ar wahân i'm cartref yn Hendre Bach ac ar ôl priodi yma yn Hyfrydle, Tyddynshon yw'r lle pwysicaf yn fy hanes i . . .' Mor wir oedd hynny. Bu'n bopeth i'r capel bach a chafodd yntau'i bopeth, bron, rhwng ei furiau.

Os oedd gweinidogion yn uchel yn ei lyfrau, a dyna'r gwir, roedd yna un uwchlaw pawb arall. Hwnnw oedd y Parch. A. J. George – un a fagwyd yn Lerpwl – a symudodd o Lanberis yn un naw dau pedwar a dod i ofalu am Dyddynshon a Thabor, Llithfaen, ac aros yno weddill ei ddyddiau. Ar un wedd roedd hi'n briodas annisgwyl: dyn dinas ac academydd disglair, yn

86. Y Parch. A. J. George yn Hendre Bach gydag Ernie George, nai iddo, ar y dde a Mair, Crymllwyn, cymdoges iddo, ar y chwith. A. J. George oedd Gweinidog T. Rowland Hughes, y nofelydd, yn blentyn yn Llanberis. Portread ohono oedd 'Mr Jones y Gweinidog', yn *O law i Law*, a 'Mr Rogers', Gweinidog dylanwadol arall, yn *William Jones*. Iddo y cyflwynodd ei nofel olaf, *Y Cychwyn*: 'I'm hen Weinidog, Y Parch. A. J. George, B.A., B.D. fel arwydd bychan o barch mawr'. Bu rhai'n haeru mai fo, hefyd, oedd gwrthrych ei gerdd, 'Hen Weinidog' – a byddai wedi ffitio'r ffrâm honno i'r dim – ond mae cofiannydd Rowland Hughes, Edward Rees, yn profi'n wahanol. Bu farw ym Medi un naw pum chwech ac mae ei fedd ym Miwmares.

dyfynnu Browning a Keats gyda chysondeb ac yn darllen yn unionsyth o'i Destament Groeg, yn porthi a bugeilio dwy ddiadell fechan yng nghefn gwlad. Bychan oedd ei gydnabyddiaeth hefyd. Yn llyfr cofnodion Tabor, Llithfaen, ceir y nodyn yma: 'Pasio i roi 5/- y mis yn ychwanegol at gyflog A. J. George, tra y gallwn. Yr ydym i gyd yn teimlo mai bychan iawn yw'r ychwanegiad a balch fuasem o allu rhoddi mwy.' Fel hen lanc, lletyai yn Hendre Bach a bu'n byw yno am dros ddeugain mlynedd, yn un o'r teulu. Oedd, roedd parch fy nhad yng nghyfraith tuag ato yn ddiddiwedd, yn ymylu ar addoliad, a bu'n ddylanwad mawr arno.

Ar ddechrau'r nawdegau, ac yntau dros ei bedwar ugain, gwnaed cais am Fedal Gee iddo am oes gyfan o ffyddlondeb diwyro i'r un ysgol Sul ond i dderbyn yr ateb annisgwyl nad oedd eto'n ddigon hen! Bryd hynny, oherwydd cynifer oedd y ceisiadau, roedd y fedal yn fwy o wobr am hirhoedledd, neu o glod i'r Gwasanaeth Iechyd, nag oedd hi am gefnogaeth i'r ysgol Sul. Ond fe ddyfarnwyd Tystysgrif Anrhydedd iddo.

Ffwrdd â ni, y pnawn hwnnw o Fai i gapel yn Llandudno ar gyfer y cyflwyno a'r adeilad enfawr o dan ei sang. Ond och, pan ddaeth rhaglen y dydd i'n dwylo fe'i disgrifid yno fel 'Rhys Griffith Roberts, (B) Y Ffôr.' Dim sill am ei hoff Dyddynshon. Hwyrach mai'r Ffôr oedd y pentref agosaf ond nid yn y fan honno roedd Tyddynshon. A dweud y gwir, roedd o'n gamgymeriad daearyddol na ddylai fod wedi digwydd, ac yn ei frifo. I gymylu pethau, y fi oedd i lywyddu'r pnawn hwnnw. Cofiwch, fe allasai pethau fod wedi mynd yn waeth. Pan oedd o ar godi i gael ei anrhydeddu dyma un o ddisgynyddion y Thomas Gee gwreiddiol, Isoline Greenhalgh o Aberdeen bell, yn sibrwd yn fy nghlust i, *'Of which denomination?'* – serch bod y 'B' bondigrybwyll i fod i ddynodi hynny. *'Strong Presbyterian'* oedd yr ateb. Yna, fe'i cywirais. Y diafol neu beidio, peth brwnt fyddai tywallt halen ar friw newydd ei agor. Ond 'Taid' a gafodd y gair olaf. Wedi cael ysgwyd ei law gan y wraig ddiarth, cododd ei law arall yn arwydd ei fod am ddeud gair bach wrth y gynulleidfa. A'r pnawn hwnnw, ond gyda chwrteisi mawr, fe glywodd wyth i naw cant o bobl mai Bedyddiwr selog ydoedd, ymhle'n union roedd Tyddynshon ac mor loyw oedd pethau o hyd yn yr eglwys a'i magodd. A bu rhaid i Gyngor Eglwysi Rhyddion Cymru, a drefnodd yr uchel-ŵyl, fwyta bara gofidiau. Yn drist iawn, pan ddaeth neges flwyddyn yn ddiweddarach fod medal wedi'i neilltuo ar ei gyfer wnaeth o fawr sylw o'r peth. Oherwydd llesgedd, roedd y ffrwt wedi mynd erbyn hynny a'r awr fawr, cyn belled ag roedd o yn y cwestiwn, wedi bod. Bu farw cyn ei derbyn.

Fel y dywedodd ei weinidog, Olaf Davies, ddydd ei angladd (a byddai mawrdra anhygoel yr angladd hwnnw a'i locustiaeth gweinidogion wedi bod wrth fodd ei galon), hysbysebodd ei hoff Dyddynshon ar hyd ac ar led.

87. Fe'i cefais yn anodd iawn i feddwl am berthynas Rhys Roberts â'i hoff Dyddynshon heb ddyfynnu o ysgrif Islwyn Ffowc Elis, 'Cyn Mynd', yn *Cyn Oeri'r Gwaed*: 'O bob Soar sy'n sefyll yn llwyd ei furiau yn hafnau Cymru, nid oes ond un Soar i mi.'

Teithiodd laweroedd o weithiau i'r Sowth – ar fusnesion enwadol eto fyth – a dal ar bob cyfle i ganmol Tyddynshon. Âi rhai tuag adref o'r pwyllgorau hynny, rhai roedd y dirywiad crefyddol yn pwyso'n drwm ar eu hysbrydoedd, gydag eneiniad newydd wedi clywed am un fro, neu'n hytrach un gorlan, lle'r oedd gwres y diwygiadau heb lawn oeri. 'Ma' hi'n dda iawn acw, yn dda iawn hefyd.'

> Nid oes yno neb yn wylo,
> Nid oes yno neb yn brudd . . .

Meddai Olaf:

> Rydw i'n gwbl argyhoeddedig na chafodd yr un eglwys lysgennad tebyg i hwn. Mi wn am bobl a deithiodd o ardaloedd pellaf Cymru i chwilio am Dyddynshon, a hynny o ganlyniad i'r hysbys a gafodd yr eglwys gan Rhys Roberts mewn pwyllgor a chynhadledd Undeb. Fe ddaethon, cofiwch, gan ddisgwyl gweld adeilad o faint y Colisseum yn Rhufain neu Sant Paul yn Llundain a barnu yn ôl y disgrifiadau a gawsant. Colli'r ffordd wnaeth llawer ohonynt ond chollon nhw mo'r atgof am frwdfrydedd ein cyfaill a'i sêl dros y deml hon. Chollodd ef ddim mo'i ffordd yma chwaith am mai yma oedd ei gartref ysbrydol.

Yn ffodus, bu farw heb weld y malltod sy'n cerdded pob capel arall, heb deimlo'r oerfel marwol sy' wedi cydio mewn Ymneilltuaeth na sylwi ar y *Mene, Mene, Tecel Wparsin* sy'n argraffedig, glir ar galchiad ein parwydydd anghydffurfiol. Ond hwyrach iddo weld a theimlo ond dewis peidio ag ystyried. Un felly oedd o unwaith roedd o wedi'i argyhoeddi. Wrth gwrs, run ydi'r amgylchiadau i bawb, ac mae ffeithiau hanes yn ddi-sigl. Ein dehongliad ni o'r amgylchiadau hynny, ar sail yr hyn a gredwn am ystyr bywyd, sy'n peri bod gwahaniaeth gweld a chlywed yn bosibl – mae'n debyg.

> Yn hytrach, Arglwydd, cenfydd yma rai,
> Ymysg trueiniaid daear, sydd a'u trem
> Yn tremio beunydd trwy barwydydd clai
> I wylio'r sêr o hyd ar Fethlehem;
> Yn gweld y golau nad yw byth ar goll
> Yng nghors y byd, – a'r lleill yn ddeillion oll.

Cyn belled ag roedd Tyddynshon a Bedyddwyr Cymru yn y cwestiwn, un o'r rhai 'yn Gweld y golau nad yw byth ar goll' oedd Rhys Roberts.

Ar un wedd, roedd o'n siaradwr di-daw ac yn siarad hefo pawb. Dipyn o risg oedd mynd hefo fo i dŷ bwyta, dyweder. Sgwrsio rownd y bwrdd sy'n mynd â hi mewn lle felly, fel rheol; nodio ar hwn ac arall hwyrach, ond cadw'r sgwrs o fewn cwlwm y teulu neu'r ffrindiau sy'n cyd-fwyta. Fyddai hi'n ddim gan 'Taid' gyfarch y byrddau eraill gyda sirioldeb mawr, boed y rheini'n gydnabod neu'n estroniaid. A doedd wahaniaeth ganddo prun a'i Cymry neu Saeson a fyddai'r bobl hynny. Fwy nag unwaith y gwelais i Sais disgwrs yn cael ei orfodi i godi'i ben o'i gaserol neu o'i gwlash, o'r pafalofa neu'r crème brûlée, a minnau, y foment anghysurus honno, yn gofidio na fyddai'r ddaear yn agor – eto'n gwenu.

'Have you heard of Hendre Bach?'

'Heavens, no.'

'It's a saw mill at Rhosfawr, one mile out of Fourcrosses, and has been in the family for four generations. If you happen to be in the area . . .'

Petai'r coffi'n digwydd bod yn hir yn landio doedd dim tryst na fyddai'n tystio mai Bedyddiwr oedd o.

Ar un wedd roedd o'n siaradwr mawr, fel yr awgrymwyd, ond eto sgwrsiwr symol oedd o. Wedi iddo ddweud ei ddweud, yn orawenus fel rheol, gallai golli pob diddordeb yn yr ymgom. Os byddai ganddo gadair gyfforddus, a mymryn o dân o'i flaen, neu lygedyn o haul o'i gwmpas, fe syrthiai i gysgu. Blinai'n gynnar ar fân siarad a hel clecs ond ni flinodd erioed ar lyfr da.

88. Yr ail a'r drydedd genhedlaeth. Yn y rhes gefn mae 'hogiau Hendre Bach' (a 'hogiau Hendre Bach' fuon nhw i ddiwedd y daith) William, y mab canol, ar y chwith; Rhys, y mab hynaf, a Bob, y fenga o'r tri. Yn eistedd mae'u tad, William, a Jane, eu mam – y ferch o Ynys Enlli.

> Ieuengctyd, nad adewch i brysurdeb eich galwedigaeth beri i chwi golli blas ar ddarllen; canys hyd yn oed pe casclech ddigon o olud i fyw arno yn niwedd eich oes, ychydig a drwg fydd blynyddoedd eich ymneillduad, oni bydd gennych hyfrydwch mewn darllen . . . Gwnewch i chwi gyfeillion o lyfrau, fel pan eloch yn hen y bo gennych rywrai i'ch derbyn pan fo llawer yn eich gwrthod.

Os bu i undyn o Gymro wireddu'r hyn a ddywedodd Emrys ap Iwan am ogoniant darllen, wel, y fo oedd hwnnw. Buont yn gyfeillion rhyfeddol iddo i ddiwedd y daith.

Gwariodd yn helaeth ar brynu llyfrau a llenyddiaeth, nes cau'r tŷ i fyny, a 'Nain' wedyn yn eu transportio nhw i'r cwt allan i dampio yn y fan honno.

'Lil, lle ma'r llyfr oedd gin i yn fa'ma wedi mynd?'

'Dw i wedi mynd â fo i'r cwt allan.'

'Ond i be oedd isio mynd â fo i fan'no?'

''Does gynnoch chi un arall, yr un peth yn union ag o, yn y parlwr.' Ac roedd o'n chwannog weithiau, am ryw reswm, i brynu dau gopi o'r un gyfrol.

'A lle rhoesoch chi *Seren Cymru*?'

'Dw i wedi mynd â hi i' llosgi.'

'Ond, bobol mawr!'

'Ma rhaid clirio'r lle 'ma, Rhys, ne mi fydd bob man wedi cau i fyny hefo llyfrau a phapurau newydd.' Dyna oedd y gwir.

Cyn diwedd ei oes cafodd lythyr caredig oddi wrth un o'r gweisg yn cynnig cyhoeddi'i atgofion yn gyfrol, dim ond iddo'u rhoi ar bapur neu'u recordio ar dâp. Ond erbyn hynny roedd y fflam wedi gwanio. Do, fe aeth ati yn y dydd blin i roi ychydig ar bapur ond dim ond am ein bod ni, ei deulu, yn ei gymell i wneud ac i geisio difyrru'r amser iddo. Dyma finnau, hwyrach, yn cael y cyfle i dalu'r gymwynas drosto.

Hwyrach mai dyma'r fan i sôn am ei ddiwylliant eang. Daeth o'r ysgol yn un naw dau tri, o orfod o bosibl, a phrentisio'n saer i gadw'r etifeddiaeth i gerdded. Dod o'r ysgol â thystysgrifau disglair i'w ganlyn, yn ieithydd diogel mewn mwy nag un iaith, yn fathemategydd sicr a chanddo, at hynny, wybodaeth gyffredinol i sawl cyfeiriad.

89. Tynnwyd y llun yn 1935, yn union wedi gosod pwmp pren ar fuarth ffarm leol – Pen Maes. Bu cryn drafod ar y grefft mewn rhaglen radio, 'Trwy Gil y Drws', a ddarlledwyd yn 1946. Manteision y pympiau pren o'u cymharu â rhai haearn, yn ôl Bob, oedd gwell blas ar y dŵr a'r pwmp yn llai tebygol o rewi yn y gaeaf. Ond ewyrth i Bob, Griffith Roberts, brawd i'w dad, oedd gwneuthurwr y pympiau. Yn y darlun mae Griffith Roberts ar y dde i'r pwmp a Wili, Hendre Bach, wrth ei ochr.

Bûm yn meddwl droeon i ba gyfeiriad y byddai wedi hwylio petai'r oes a'r amgylchiadau wedi bod yn wahanol. Datgelodd, droeon, fod pwysau wedi'i roi arno i ystyried y weinidogaeth fel galwedigaeth – afraid holi gyda pha enwad – ac iddo gael ei demtio i hynny, os mai 'temtio' ydi'r gair cywir. Roedd perthynas iddo, gweinidog Methodus, wedi addo'i holl lyfrau iddo petai'n dewis y llwybr hwnnw – ac roedd yntau'n sgit am lyfrau fel y cyfeiriwyd – ond llyfrau neu beidio troi'r cynnig heibio wnaeth o. Byddai ganddo gymaint o'i blaid petai wedi dewis llwybr felly. Canu oedd un o'i gryfderau, baswr soniarus, ac yn aelod o Gôr Glannau Erch a ganai yn y 'Noson Lawen' enwog a ddarlledid o Neuadd y Penrhyn. Un peth arall a wn i, byddai wedi gwisgo'n reiol ar gyfer y gwaith. Bûm yn tynnu'i goes droeon drwy ddweud, petai o wedi mynd i'r weinidogaeth y byddai pob achos arall o fewn hanner can milltir wedi gorfod cau gan enbydrwydd y gystadleuaeth. Gwenu byddai o. Hwyrach mai traethwr fymryn yn faith a fyddai wedi bod ond bugail eneidiau i'w ryfeddu, mae'n ddiamau . Fel arall y bu pethau.

Erbyn diwedd ei oes – a fu neb mwy dirwgnach – dyn ar gyfeiliorn oedd o, yn rhwyfo rhwng dwy oes ac yn methu cyrraedd glan. Erbyn meddwl, bu rhyw fath o ddeufor-gyfarfod yn ei natur erioed ac yn natur y teulu o ran hynny. Ar un llaw, roedd llawer o'r 'hogyn' ynddo. I ddiwedd eu taith, fel 'hogiau Hendra Bach' y cyfeiriai pobl at y tri brawd – Rhys, Willie a Bob – serch i'r ddau gyntaf groesi'u pedwar ugain a Bob ei ddeg a phedwar ugain. Rhaid bod rheswm am hynny. Y meddwl bythol ifanc a barodd i'r teulu

90. Dangos y gribin. Meddai, mewn atgofion a gofnododd: 'Onnen oedd defnydd y gribin a rhaid oedd torri'r coed yn ystod y gaeaf, cyn i'r twf ddod yn ôl i'r pren. Arferid gwneud tua phedwar ugain dwsin a mwy ohonyn nhw ond aeth y galw i lawr o flwyddyn i flwyddyn i ryw chwe dwsin yn y blynyddoedd dwytha. Ni, yn Hendre Bach, yn unig sy'n dal i neud y gribin a fawr iawn o alw amdani erbyn hyn.'

symud y busnes yn ei flaen ond hen ddoethineb, a fagwyd dros genedlaethau, a'u cadwodd i symud yn bwyllog, fesul cam.

I gloi, hawdd iawn ydi tadogi lle ac amser, gair ac idiom ar sail oes o adnabyddiaeth. Ond mewn bron i ddeugain mlynedd o adnabyddiaeth ni chefais i achos i newid fy meddwl amdano, nac amdani hi o ran hynny. Mwy na'r Ethiopiad ei groen a'r llewpard ei frychni ni newidiodd yntau na'i arferion na'i argyhoeddiadau, ei ddiddordebau na'i wendidau. Na, yr un tanbeidrwydd sêl fu hi, yr un straeon, yr un rhagfarnau, yr un naïfrwydd i bwrpas, ia, yr un rhagoriaethau mawrion. Pe'i gwelwn eto yn brysio'n fochgog, ysgafndroed i'm cyfeiriad, a'i wraig fymryn tu cefn iddo yn wên i gyd, fe ruthrwn i'w cyfarfod. Gwnawn wir. Yng ngoleuni'r hyn a ddilynodd y cyfarfyddiad amhrisiadwy hwnnw yng ngwanwyn pumdeg pump bu'r nabod yn fraint.

"Da chi'n Fedyddiwr? Ma' capal Tyddynshon . . .', ond mae hi'n bosibl na chyfeiriodd o at y pwnc o gwbl – er y byddai hynny'n annhebygol. Gyda'r blynyddoedd aeth sawl mabinogi amdano ar led ac fe dyfodd ambell stori seml yn chwedl ganghennog ac iddi, bellach, fersiynau lawer. Fel honno am ddau saer coed a ddaeth ato, ar antur, i ofyn am gael gyrru darn o bren

91. Walter, mab Rhys – a ddaeth yn bartner yn y busnes yn 1971 – hefo'r lori, newydd ddychwelyd o Lerpwl, hwyrach, gyda llwyth o goed. Yn anffodus, bu Walter farw 8 Mehefin 1998 yn 58 oed. Gyda'i farwolaeth daeth y busnes teuluol, a rychwantodd bedair cenhedlaeth, i'w derfyn. Cwmni arall sy'n masnachu yno erbyn hyn.

naturiol drwy beiriant oedd yn mowldio coed i wahanol seis a siâp yn ôl y galw.

'Pren go galad hogiau,' a'i fodio fo.

'Ydi.'

'Derw.'

'Ia, derw.'

'Ma'n ddrwg gin i hogiau bach, ond ma' hon yn fashîn newydd, a 'di costio dipyn 'te.'

'Popeth yn iawn,' ebe'r ddau a throi i ymadael.

''Tasa gynnoch chi goedyn meddal, hogiau . . .'

Yna, fel roedd y ddau'n cydio yn y darn pren, 'Be 'da chi'n ei neud hefo fo, hogiau?'

'Drws capal . . .'

'Hei hogiau, dowch yn ôl. Mentrwn ni hi.'

Yn ôl y fersiynau glywais i ddaru o ddim holi, hyd yn oed, capel pa enwad!

HAWLFREINTIAU Y DARLUNIAU

Naill ai o gasgliad personol neu drwy garedigrwydd y teulu o bob ochr:
    1, 2, 3, 4 (Guy Hughes a'i Gwmni, Pwllheli), 5 (W. Morgan Evans, Pwllheli), 6, 7 (J. Morton Davies, Angorfa, Pencaenewydd), 8 (Excelda Studio, 20 O'Connell Street, Limerick), 10, 11, 12, 14, 15, 17, 18, 20, 21, 22, 23, 24, 25, 26, 27, 28, 30, 31, 32, 33 (Guy Hughes a'i Gwmni, Pwllheli), 35, 36 (Mitchell's Studio, Gwersyll Milwrol Bovington, Wareham), 37, 38, 39, 43 (W.H. Brunton a'i Gwmni, Wellington Row, Whitehaven), 45, 46, 48, 49 (Relph, 37 New Street, Huddersfield), 51, 52, 53, 55, 56, 57, 58, 59, 68, 70, 71, 72 (F.H. May, Mona House, 20 Yr Ala, Pwllheli), 75, 76, 77, 78, 80, 81, 83, 86, 87, 88, 89, 91.

Tynnwyd yn arbennig ar gyfer y gyfrol gan Robin Griffith, 26 Parc y Coed, Creigiau, Caerdydd: 13, 19, 34, 42, 44, 50, 60, 62, 63, 65, 66, 69, 74, 85.

Tynnwyd yn arbennig ar gyfer y gyfrol gan Gwenda Richards, Plas Bach, Cae Gwyn, Caernarfon: 29, 41, 73.

Old Limerick a gyhoeddwyd gan The Treaty Press: 9.

Bro a Bywyd, - Syr Thomas Parry-Williams a olygwyd gan Ifor Rees, gyda chaniatâd Cyngor Celfyddydau Cymru: 16

Drych, 27 Mehefin 1901: 40.

Calendr Llanw Llŷn, Chwefror 2001: 47; Mehefin 2002: 64.

Songs of Praises - Welsh-rooted Churches Beyond Britain, Jay G. Williams, Gwenfrewi Santes Press, Clinton, Efrog Newydd: 54.

Ieuan Owen. O'r gyfrol *Etholedig Arglwyddes,* Harri Parri, Gwasg Pantycelyn 1993: 61, 67.

Trwy ganiatâd Llyfrgell Genedlaethol Cymru: 79.

The Leader, 15 Mawrth 1985: 82.

Ian Griffith, llun llaw rydd: 84.

Y Ffynnon, Papur Bro Eifionydd, Gorffennaf/Awst 1979: 90.